Alles für die Lok

Wolfgang Messerschmidt

Alles für die Lok

Vom Werdegang der Lokomotiven

Mit 71 Fotos auf 40 Kunstdrucktafeln

und 31 Zeichnungen im Text

Franckh'sche Verlagshandlung Stuttgart

Schutzumschlag gestaltet von Edgar Dambacher

Franckh'sche Verlagshandlung, W. Keller & Co., Stuttgart / 1971 / Printed in Germany / ISBN 3 440 03734 7 / LH 19 hä / Druck: Johannes Illig, Buch- und Offsetdruck, Göppingen (Württemberg)

Alles für die Lok

Wovon die Rede ist

Lokomotiven dampfen, fahren, bremsen. Sie ziehen und schieben unter Fahrdraht, auf Brücken, in Tunnels, im Urwald oder in der Steppe.

Lokomotiven haben Dienstpläne. Sie sind elegant oder sachlich nüchtern. Sie sind in jedem Falle wichtig, haben Nummern und Fabrikschilder. Hinter diesen Schildern verbergen sich „Geheimnisse“, die zwar dem Fachmann vertraut sind, dem Eisenbahnfreund und Lokomotiv-Liebhaber aber oft „spanisch“ vorkommen. Das Fabrikschild ist so etwas wie ein Geburtsschein der Lok.

Unter welchen Geburtswehen Lokomotiven oft zustande kommen, was die Auftraggeber verlangen, wie man projektiert, anbietet, wirbt, baut und Experimente macht — wie eine Lok an Hand von Berechnungen, Vorschriften, Zeichnungen, Terminplänen und Stücklisten aus Stahl, Buntmetallen, Leichtbau-Materialien, Glas und Kunststoffen entsteht — das ist der wesentliche Inhalt dieses Buches.

Eine Lokomotivfabrik lebt, wie auch das Gros der übrigen Industrie, vom Produzieren und Verkaufen, kaum jedoch vom Entwickeln und Konstruieren. Aber ohne Planungs- und Rechtsabteilung, ohne Offert- und Patent-Ingenieure und ohne Konstruktionsbüros kann andererseits eine Lok weder geschaffen noch verkauft werden. Nicht jeder Besteller will eine „Lok von der Stange“. Kaufhäuser dafür gibt's in dieser Branche sowieso nicht. In den meisten Fällen — von Groß-Serienbeschaffungen oder vom Erwerb vorrätiger Lokomotiven einmal abgesehen — muß neu konstruiert oder ein früheres Muster mindestens auf die aktuelle Technik „umfunktioniert“ werden, bevor man anbieten kann. Entwurfsingenieure tun das sicher gern, denn im Grunde ihres Herzens sind sie ja auch „Bastler“! Und sie wissen auch: Beim Entwickeln — noch mehr beim Forschen und Experimentieren — ist es so, daß manchmal kein kaufmännisch verwertbares Resultat kerauskommt. Dann wird die entwickelte „Papier-Lokomotive“ entweder nicht gebaut oder die „hellere“ Konkurrenz schnappt den schönen Auftrag weg.

Die für den Bau und Betrieb notwendige Theorie wurde früher von Strahl mit wissenschaftlichen Arbeiten über Verdampfung, Blasrohrwirkung, über die Verbrauchszahlen und Leistung in Abhängigkeit von Belastung und Geschwindigkeit geprägt. Alle wissenschaftlich arbeitenden und theoretisch vorgehenden Ingenieure des Schienentriebfahrzeugbaues machten sich viele dieser Grundlagen zu eigen. Redtenbacher mit seinen „Gesetzen des Lokomotivbaues“ und Heusingers „Handbuch für spezielle Eisenbahntechnik“ galten zuvor als Rüstzeug der Lokomotiv-Theoretiker.

Später stellte Nordmann die These auf: Es gibt vorläufig nur einen Weg, die Vorgänge in der Lokomotive zutreffend darzustellen, das ist der Weg des Versuchs! Und von den verschiedensten Lokomotivversuchen mit Dampf-, Diesel- und Elektro-Triebfahrzeugen wird auch in dem vorliegenden Buch die Rede sein, denn Theorie und Erprobung machen die Nutzanwendung für den Lokomotivbetrieb erst vollständig.

Die besten Ideen hat man eigentlich seltener am Reißbrett. Dort werden sie meist „nur" zu Papier gebracht und fixiert. Die richtigen gedanklichen „Knüller" gewinnen oft unter den verrücktesten Umständen Gestalt! In den Konstruktionsbüros der Zukunft werden elektronisch gesteuerte Reißbretter verwendet. Zum Denken im Büro bleibt dann sicher mehr Zeit. Der Konstrukteur wird später lediglich die Zeichentätigkeit des Elektronenrechners dirigieren. Entwicklungsingenieure werden künftig über ein Bildgerät in direkten Dialog mit dem Computer treten. Das sind Dinge, die sich schon jetzt allmählich durchsetzen. Datenverarbeitungsanlagen werden zunehmend die immer anspruchsvollere Fertigung steuern. Neue Werkstoffe und Energiequellen schaffen moderne Voraussetzungen für den künftigen Lokomotivbau, der selbst stärker von elektronischen Schaltsystemen profitieren wird.

Das jetzige Buch erscheint an einem Wendepunkt der Konstruktions- und Produktionstechnik. Zukünftige Vorgänge können wir heute schon andeuten, wenngleich hier der Akzent auf den bisherigen und gegenwärtigen Praktiken liegt. Eines steht fest: Als Inbegriff der Technik von morgen brauchen wir nicht allein Raketen und Raumfahrt zu betrachten, sondern auch moderne vollautomatisierte Schienen-Schnellverkehrsmittel, die helfen, das zivile Antlitz unserer Erde zu wandeln. Lokomotiven werden nach wie vor im Spiele sein. Und in unserem Band, der durch die wertvolle Unterstützung vieler namhafter Lokomotivfabriken und bedeutender Bahnverwaltungen recht vielseitige Blickwinkel öffnet, dreht sich alles um die Lokomotive. Gestern, heute und morgen gab und gibt es für uns die „goldene Maxime":

Alles für die Lok!

Ein Kunde hat Wünsche

Lokomotivbedarf ist da — Was soll die Lok leisten? — Kennwort „Plinius“ — Die Anfrage kommt

Der Wunsch des Kunden ist eine der ganz wesentlichen Existenzgrundlagen jeden Handwerksbetriebes und jeder Industrie-Unternehmung. Zum Geldverdienen gehört der Verkauf, und dazu braucht man eben Kunden, die nicht nur bezahlen, sondern auch gut bedient sein und später vielleicht einmal nachbestellen wollen.

Die Kunden der Lokomotivfabriken sind kleinste, kleine, große und größte Eisenbahnverwaltungen. Es sind aber auch Industrie-, Ausstellungs- und Hafenbahnen. Alle Beschaffungsstellen disponieren nach Planungen und Möglichkeiten. Man will entweder erst eine Bahn bauen und dafür Rollmaterial einkaufen oder man beabsichtigt, den längst fälligen Lok-Ersatzbedarf nun endlich zu decken. Es kann andererseits natürlich auch nötig sein, den Triebfahrzeugpark zu erneuern oder einzelne Fahrzeuge zu modernisieren. In all diesen Fällen geht es kaum ohne Lokomotivbestellungen oder ohne Aufträge für Lokomotiv-Umbauten ab. Selbstverständlich sind auch Transport- und Leistungssteigerungen einer Eisenbahn freudiger Anlaß, sich an die Vergabe zum Bau hochentwickelter Fahrzeuge zu erinnern und entsprechende Briefe an die Offertabteilungen der Lokomotivwerke in alle Welt zu schicken. Immerhin, Lokomotivbedarf ist da. Er weckt vielfältige Wünsche.

Der Verkehrsaufschwung der Westfälischen Landes-Eisenbahn-Gesellschaft im Jahre 1936 war damals in seinem wirklichen Ausmaß gar nicht so recht zu übersehen. Doch es war klar: Die Tendenzkurve führte weit nach oben. Neue Lokomotiven mußten her. Es hieß jedoch, vorsichtig zu disponieren. Geld hatte die Direktion ja nicht im Überfluß. X-beliebige Lokomotiven wollte die Bahn freilich auch nicht. Man dachte an kräftige Lastenschlepper mit genügender Leistungsreserve, damit sie für längere Zeit den Transportumfang meistern konnten. Der Güterverkehr stieg durch zunehmende Ladungen gut beschäftigter Kalkstein- und Portland-Zement-Werke. Obwohl die Verjüngung des Personenzug-Lokomotivbestandes vor der Tür wartete, mußte erst einmal vordringlich eine schwere Güterzuglokomotivtype in Auftrag gegeben werden. Aus Zeitgründen entfielen langwierige schwierige telefonische und schriftliche Anfragen an . . .zig Lieferwerke, denn die Bahnverwaltung wußte auch, daß für ihren Bedarf Maschinen her mußten, für die nur wenige Lokomotivfabriken Sofort-Konstruktionen anbieten oder einsatzfähige „Gebrauchsmuster“ auf Grund von Vorläufer-Bauarten schnell bauen und zur Verfügung stellen konnten.

Die Bestellung der Westfälischen Landes-Eisenbahn-Gesellschaft ging also an die damalige AEG-Tochtergesellschaft Borsig-Lokomotivwerke in Hennigsdorf, die heutzutage übrigens als „Nachfolgefirma" mit dem Namen VEB Lokomotivbau Elektrotechnische Werke „Hans Beimler" größter Lokomotivproduzent der DDR sind.

Borsig war in den dreißiger Jahren hervorragender Schrittmacher in der Konstruktion schwerer, fünffach gekuppelter Industriebahn-Tenderlokomotiven bis zu 23 t Achsdruck! Solche hohen Achslasten waren noch nicht einmal auf den Hauptstrecken der Deutschen Reichsbahn zugelassen. Die für die seinerzeitigen Preußischen Bergwerks- und Hütten-AG in Hindenburg (Oberschlesien) bestimmte Borsig-Riesen-Tenderlok mit 140 t Dienstgewicht und 2500 PS Kesselleistung hatte sogar bei den Werkprobe- und Abnahmefahrten Vertreter der Deutschen Reichsbahn, der deutschen Privat- und Kleinbahnen, der Wirtschaft und der Technischen Hochschulen angelockt. Nach den guten Erfahrungen mit den Borsigschen 1'E 1'-Lokomotiven für die Halberstadt-Blankenburger Eisenbahn entschloß sich ja auch die Deutsche Reichsbahn, ähnliche Konstruktionen als Ersatz für Zahnradlokomotiven und zum Nachschubdienst auf den Steilrampen der Geislinger Steige und im Thüringer Wald zu beschaffen. Es kamen die preußische Gattung T 20 (Borsig, Hanomag), die Einheitslokomotive 85 (Henschel) und 84 (Schwartzkopff und Orenstein & Koppel). Von diesen letzten und einer von Krupp gelieferten Lokomotive für die Wanne-Eickeler Hafenbahn abgesehen, sind wieder spätere deutsche regelspurige 1'E 1'-Tenderlokomotiven bei der Firma A. Borsig in Berlin-Tegel oder in den Borsig-Lokomotivwerken in Hennigsdorf hergestellt worden, wo auch die erste 1'E 1'-Sandbahn-Dampflokomotive für die Gräflich Ballestremschen und Borsigschen Steinkohlen-Bergwerke in Peiskretscham (Westoberschlesien) entwickelt und konstruiert wurde. Jene gewaltigen Borsig-Fünfkuppler haben in Oberschlesien vor allem die Aufgabe, schwerste Züge bis zu 1700 Tonnen Anhängelast auf besonderen Sandbahnen zum Wiederauffüllen der Kohlenschächte zu befördern.

Die Borsig-Lokomotivwerke waren demnach geradezu prädestiniert, weitere Bestellungen ähnlicher Spezial-Tenderlokomotiven mit „Mammut"-gewichten und Leistungen auszuführen und für zufriedene Kunden zu sorgen.

Die beiden im Oktober 1937 in Hennigsdorf gebauten und an die Westfälische Landes-Eisenbahn-Gesellschaft gelieferten 1'E 1'h2-Tenderlokomotiven kamen auf Grund der Leistungs- und Zugkraftermittlung mit einem geringeren Achsdruck aus. Aber das Dienstgewicht von 104 t hat sie trotzdem zu Superlativen abgestempelt und zu den „schwersten Lokomotiven bei einer dem öffentlichen Verkehr dienenden Privatbahn" gemacht!

Selbstverständlich können extreme technische Abmessungen nicht einfach aus der Luft gegriffen werden. Superlative machen sich zwar recht gut in der Werbung, aber Riesengewichte und überdurchschnittliche Leistung kosten auch Geld — und da hört die Liebe zur Attraktion auf. Hier bestimmt einzig und allein die technische und bilanzsichere Kalkulation die Takte der Musik. Die Kardinal-

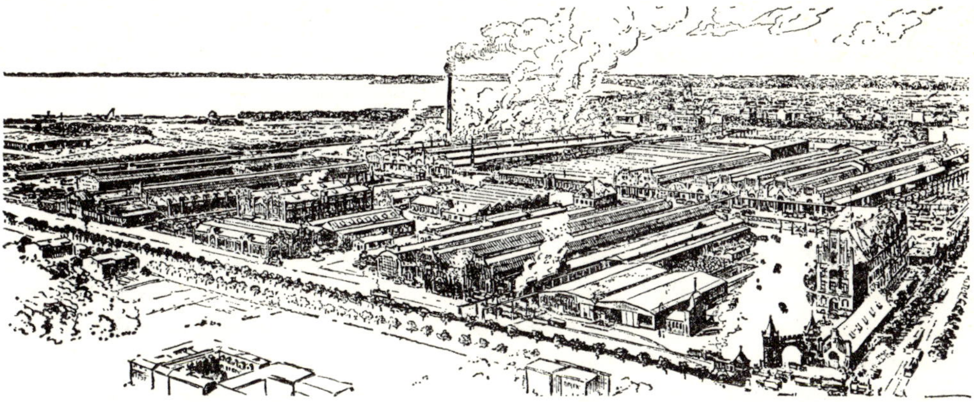

Die „Maschinen- und Lokomotivfabrik A. Borsig" in Berlin-Tegel vor dem Ersten Weltkrieg (Archivbild)

frage einer Lokomotivbestellung dreht sich also — unter Berücksichtigung der Maximal- und Minimalforderung — um den Komplex „Was soll die Lok leisten, was muß sie schaffen?" Die Leistungsberechnung obliegt zwar der Lokomotivfabrik, aber die Bestellerin muß angeben, was sie mit der Maschine vorhat. Das hört sich dann etwa so an: Auf der Strecke Lippstadt — Warstein sind 500-t-Güterzüge mit mindestens 20 km/h zu befördern. Aber es müssen auch schwere Personenzüge für die zahlreichen Sonderfahrten ins Möhnetal mit 40 bis 60 km/h Geschwindigkeit gefahren werden und — es müssen ausreichend Zugkraft- und Kesselreserven vorhanden sein. Die Lieferfirma müsse sich aber auch an die höchstzulässige Achsbelastung und eine weitgehende Schonung des Oberbaues halten.

Die höheren Kosten der von Borsig entwickelten 1 E 1 waren also gegenüber einer 1 D 1 oder einer E-Achsfolge nicht wegen der Leistung, sondern auch mit Rücksicht auf Laufruhe, Achslast, Schonung von Gleis und Fahrzeuglaufwerk bedingt. Und welche Leistung errechneten die Borsig-Leute? Ganze 1400 PS kamen für den Kessel heraus. Für heutige Verhältnisse nur ein Pappenstiel! Für eine damalige Privatbahn-Dampflokomotive mit fünf Kuppelachsen hatte jene Pferdestärke jedoch überragend viel zu sagen. Die rechnerische Leistung des 13 Jahre später erschienenen Bundesbahn-Fünfkupplers, die Tenderlok Baureihe 82, könnte der „Westfälischen" nicht einmal das Wasser reichen! Die 82er hat laut Rechnung „nur" 1290 PS, und die ebenfalls mit fünf Kuppelachsen ausgestattete G 10 der Preußischen Staatsbahn müßte sich mit ihrer Leistung von 1100 PS geradezu verstecken.

Was die Lokomotivfabriken für die Leistungsermittlung und für ein detailliertes Angebot alles brauchen, erfahren wir nachher in einem anderen Kapitel. Welche poetische, mit viel Phantasie beflügelte Erfindungsgabe die Offertabteilungen manchmal entwickeln, wollen wir zunächst nicht ignorieren. Der Mensch macht sich — wenn er schlau genug ist — seinen Alltag leicht. Der Lokomotivbauer stellt sich dabei nicht abseits. In seiner spezifischen „Umgangssprache" macht er von Kennworten Gebrauch. Diese Kennworte sind weiter nichts als mehr oder weniger schöne Namen für bestimmte Lokomotivtypen, die das eigene Werk bauen kann und draußen anbietet. So ähnlich ging man ja mit den Achsanordnungen bei Dampflokomotiven vor, wo man eben die „Code-Wörter" in bunter Folge „Pazifik", „Mikado" oder „Consolidation", einem ungeschriebenen internationalen Gesetz folgend, überall verstand.

Im Offert-Büro, im hektischen Getriebe der Angebotskalkulation, meinte dann eben plötzlich einer lauthals: „Jungs, ich hab's! Wir bieten die ‚Plinius' an, die paßt auf die Anfrage!" Und so gingen die Details der „Plinius" aus der Schublade an den Interessenten. Und auch der konnte es sich leicht machen: Er verkürzte seine Korrespondenz und schrieb: „Die ‚Plinius' gefällt mir, aber folgende Sonderwünsche wären noch zu berücksichtigen . . ."

Es ist gar nicht mehr so einfach, die Entstehung dieses und jenen Kennwortes zu erforschen. Manchmal sind es Städtenamen, die dem Sitz der Bahnverwaltung für die Erstlieferung entsprechen. Manchmal sind es Tiernamen, die Kraft und Größe heraufbeschwören. Die Borsig-Typenreihe „Mammut", „Elch", „Wisent" und „Büffel" hat es sogar zur Popularität gebracht.

Sehen wir uns doch einmal den Phantasie-Reichtum einzelner Lokomotivfabriken an:

Bei der Hanomag verwendete man beispielsweise die seltsamsten Kennworte „Plexo", „Pacht" (P Acht = Verkaufs-Code für die preußische P 8!), „Plinius" (alte römische Publizisten finden also — wenn auch völlig unvorbelastet — auch den Weg zum Lokomotivgeschäft), „Russia" oder „Madras". Das Essener Unternehmen Fried. Krupp hatte für sein Industrie-Lokomotivprogramm mehrere Typen aufgenommen, die mit den Kennworten „Laake", „Lahyk" und „Laoch" in Kundenkreisen kursierten.

In der Maschinenfabrik Esslingen sprachen die Angebots- und Verkaufsingenieure u. a. von einer „Rio", „Peru" oder von einer „Oslo". Lieferant, Geschäftspartner und Kunde hatten also die Möglichkeit, eine einfache und doch eindeutige Ausdrucksweise im Briefverkehr, beim Telegramm oder am Telefon zu praktizieren. Mißverständnisse sind natürlich nicht in jedem Falle ausgeschlossen gewesen, denn Absprachen über „Code-Worte" in der gesamten Lokomotiv-Industrie gab's nur ganz selten.

Ein umfangreiches Henschel-Verkaufsprogramm für Baulokomotiven der dreißiger Jahre bediente sich bei Kunden sehr beliebter Typen-Kennworte. Da baute man in Kassel beispielsweise Vorratslokomotiven, die auf die Namen „Fabia", „Monta", „Fulda", „Riesa", „Kassel", „Brauns", „Helfmann", „Klettmann" oder „Moll" sozusagen „hörten".

Das Programm war so wundervoll ausgefeilt, daß Henschel bei all diesen Regel-Baulokomotiven der Spurweiten von 600 bis 900 mm ein Vereinheitlichungsverzeichnis mitliefern konnte. Unter den vereinheitlichten Austauschteilen befanden sich Lager, Dampfstrahlpumpen, Armaturen, Radsätze, Brems-

und Steuerungsteile. Man hatte sowohl Lokomotiven mit Hängeeisen-Steuerung als auch mit Kuhnscher Schleife abrufbereit, und die Konstrukteure konnten sich sogar auf gleiche Herstellungswerkzeuge, wie zum Beispiel Kessel-Gesenke, berufen. Im ganzen gesehen, hatte sich eine Lokomotivfabrik sehr viel Gedanken gemacht, und bei einer umfangreichen Angebotsreihe Rationalisierung und Werbung zugleich getrieben!

Die Arn. Jung Lokomotivfabrik ging bei ihren feuerlosen Dampfspeicherlokomotiven „Fuchtel", „Fluch", „Freia" und „Front" ähnlich vor, obwohl jene Kabel- und Drahtbezeichnungen keinem sehr großen Phantasie-Reichtum entsprungen sind.

Kundenwünsche entstammen verschiedenartigen Überlegungen. Werfen wir mal einen Blick ins Diesellokomotivgeschäft nach Spanien: Die auf Veranlassung der 1942 gegründeten TALGO-Gesellschaft[1]) entwickelten Gliederzüge nach Deichselketten-Prinzip hatten schon beim ersten Erscheinen die Fachwelt vieler Länder zu neuen Gedankengängen angeregt. Sie wissen doch: Die TALGO-Entwicklung beruht auf Ideen des spanischen Ingenieurs Alejandro Goicochea, der sich mit Leichtbauproblemen im Rahmen des Schnellverkehrs befaßte. Noch gegen Ende des Zweiten Weltkrieges beauftragte die Patentes Talgo S.A. in Madrid die amerikanische Firma ACF-Industries (American Car and Foundry), New York, mit dem Bau einiger Erprobungsausführungen. Der Erfolg jener revolutionierenden Züge mit tiefer Schwerpunktlage, Losrädern und publikumswirksamer Ausstattung blieb nicht aus. Die Entwicklung dieser Konzeption kam in Schwung.

Der spanische Lokomotivkunde, die Red Nacional de los Ferrocarriles Españoles (RENFE = Spanische Nationalbahnen), suchte im Laufe der Zeit verbesserte Lokomotiven für sein stark expandierendes Talgo-Liniennetz. Einen Auftrag für solche Talgo-Lokomotiven bekam die Lokomotiv-Export-Union Krupp/Krauss-Maffei. Hierbei stellte man nun allerdings nicht nur konstruktions-, sondern auch liefertechnische Bedingungen. Von den um 1963 bestellten zehn Talgo-III-Lokomotiven waren fünf von der Entwicklungsfirma Krauss-Maffei in München, die weiteren fünf von der Sociedad Española de Construcciones Babcock y Wilcox in Bilbao zu bauen. Jene Talgo-III-Züge, vervollkommnete Nachbauten der vorherigen, kamen mit den breitspurigen diesel-hydraulischen Krauss-Maffei-Lokomotiven ab 15. August 1964 in den Plandienst. Zuvor wurden auf Regelspurdrehgestellen Meßfahrten auf den Strecken der Deutschen Bundesbahn gemacht. Die schnellen Züge mit 140 km/h Höchstgeschwindigkeit kamen beim reisenden Publikum sehr gut an, und die RENFE verspürte noch ein weiteres Mal besondere Lokomotiv-Wünsche. Die Lokomotiv-Export-Union Krupp/Krauss-Maffei erfüllte sie und verbuchte einen willkommenen Anschlußauftrag für zweimotorige 4000-PS-Diesellokomotiven. Von dreißig der bestellten vierachsigen „Expreß-Lokomotiven" wurden auf Wunsch des Bestellers zehn beim Konstruktions-

[1]) TALGO = Tren Articulado Ligero Goicochea

unternehmen Krauss-Maffei und zwanzig nach Krauss-Maffei-Lizenz wieder bei Babcock & Wilcox in Bilbao hergestellt. Die erste einer weiteren Serie von Talgo-Lokomotiven für 180 km/h Höchstgeschwindigkeit lieferte wiederum Krauss-Maffei im Spätherbst 1968 nach Spanien. Die Serie umfaßte fünf Einheiten, die in diesem Falle alle in München gebaut wurden. Sie erhielten eine Achslast von je 22 Tonnen!

Der Kunde fragte also an, und zweifellos fragte er zunächst nicht nur eine einzige Firma allein, wenngleich manchmal an Hand der gewünschten Technik nur ein kleinerer Lieferantenkreis in Betracht kommt. Zahnradlokomotiven, Triebfahrzeuge für Grubenbahnen oder Gasturbinenlokomotiven sind nun einmal nicht jedermanns Sache. Aber nicht immer schnappt die Einzelfirma mit dem günstigsten Angebot den Auftrag allein weg. Es können sich — wie wir vorher gesehen haben — durchaus zwei oder drei Firmen den Kuchen teilen. Aber dann ist es aus Motiven der Regieführung meist die Regel, daß *ein* Unternehmen die Federführung kriegt. Der Kunde schickt eben die Anfrage ins Haus und bestimmt vor der Bau-Vergabe, wer König ist. Natürlich wird er auf berechtigte und maßvolle Vorschläge der Lieferfirmen eingehen, so gut er kann. Liefermöglichkeiten, Garantieleistungen, Zahlungsbedingungen, wirtschaftspolitische Überlegungen, aber auch patentrechtliche oder gebrauchsmusterrechtliche Fragen und natürlich die Preisgestaltung lassen die Beantwortung der Kunden-Anfrage zum Kriterium für den etwaigen Bestell-Eingang werden. Und es geht oft um Millionenbeträge! Was kostete eine Reichsbahn-Dampflok der Reihe 50 im Jahre 1939? Vielleicht tippen Sie richtig. Es waren 0,18 Millionen Reichsmark. Rund 1625 PS erhielt man dafür. Im Jahre 1957 kaufte die Deutsche Bundesbahn den Dampflok-Schwergewichtler der Baureihe 10 für 0,65 Millionen DM, und im Jahre 1963 zahlte die Beschaffungsstelle der Bundesbahn für die elektrische Güterzuglokomotive E 50 (150) fast genau 1,5 Millionen DM pro Stück! Aber man hatte dann den Gegenwert von etwa 6000 PS.

Die Lokomotivfabrik

Industrie oder bahneigenes Werk — Der Fertigungsfluß — Mittelpunkt Richthalle — Der Versand

Die großen Eisenbahnverwaltungen gehören zu den bedeutendsten Auftraggebern der Wirtschaft. So sind allein an den Lokomotiv-Aufträgen der Deutschen Bundesbahn sowohl die Groß- und Schwerindustrie als auch Mittel- und Kleinbetriebe sowie auch der Handel direkt oder indirekt — meist mit angemessener Berücksichtigung — beteiligt. Lokomotiven werden beispielsweise an die „Großen" — Krupp, Rheinstahl-Henschel oder andere — vergeben. Die Mittel- und Kleinbetriebe liefern dann oft die Tragfedern, Schrauben, Armaturen und ähnliche Teile. Vom Handel werden mitunter fremdbezogene, handelsübliche Mangan-Hartstahlplatten, Schilder oder Resopalbeläge für die Steuerpulte gekauft.

Eines muß jedoch hinzugefügt werden: Lokomotiven baut nicht in jedem Falle die Privat-Industrie. In Großbritannien und in den Vereinigten Staaten von Amerika berief man sich auf zahlreiche bahneigene Werkstätten, die selbst den Lokomotivbau in die Hand nahmen. Das waren zwar private Eisenbahngesellschaften, aber auch Staatsbahnen können Triebfahrzeuge in eigener Regie bauen. Wir denken an die Staats-Eisenbahn-Gesellschaft (St.E.G.) in Österreich oder an die Bahnwerkstätten der Italienischen Staatsbahnen (F.S.) in Florenz und Verona. In Florenz hatten wir es mit dem Bau der Schnellzug-Dampflokomotiven der Reihen 691 und A 691 (Stromlinienlok) und in Verona mit der Lieferung der elektrischen Verschiebelokomotiven E 321 zu tun. Allerdings handelte es sich in diesen Fällen „nur" um — wenn auch ganz grundlegende — *Um*konstruktionen, nicht aber um wortgetreue *Neu*bauten von A bis Z.

Die Frage „bahneigene oder private Lokomotivfabrik?" ist wohl in den meisten Industrieländern zugunsten der unternehmerisch geleiteten, im wirtschaftlichen Wettbewerb stehenden Fabrik gefallen. Durch Zusammenfassung der Kapazitäten, durch die Möglichkeiten größerer und erfahrener Konstruktionsbüros und überdies durch die ohnehin enge Zusammenarbeit mit den Bestellern scheint das private Werk viel beachtete Vorzüge aufzuweisen. Das bahneigene Werk kommt in der Regel fast ausschließlich bei „starken" Gesellschaften vor. Es arbeitet meist mit geringeren Gemeinkosten, kann sich aber nur selten auf so rationelle und vielfältige Fertigungsausrüstungen berufen wie die „maßgeschneiderte" Lokomotiv- und Maschinenfabrik. Selbstverständlich bestätigen auch hier gewisse Ausnahmen die Regel.

Das Herz aller Werkstätten ist die Betriebsleitung. Sie steuert die Arbeiten

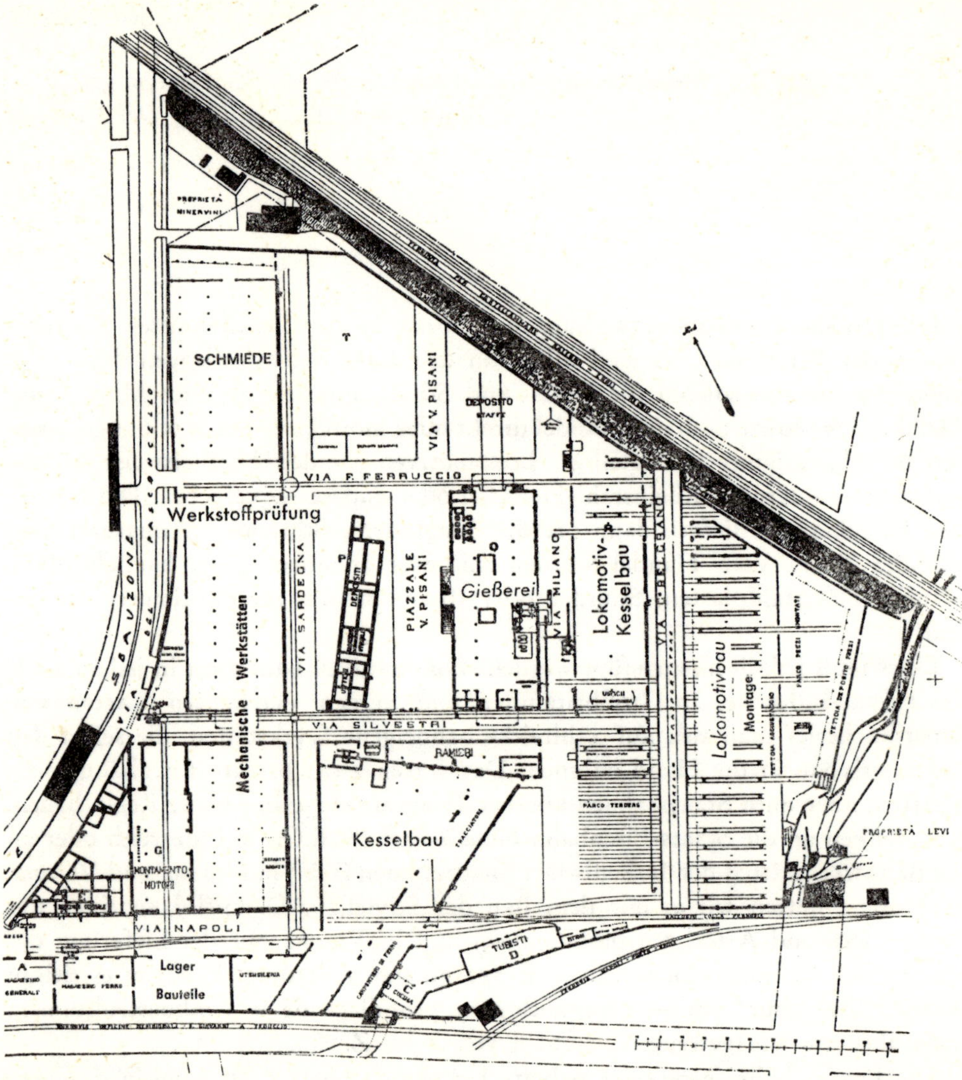

Lageplan einer „klassischen" Lokomotivfabrik, des Werkes Neapel der Officine Meccaniche (Werkbild)

und den Fertigungsfluß nach genau festgelegtem Materialfluß- und Terminplan in den blechverarbeitenden Werkstätten (Behälterbau, Rahmenbau, Aufbauten einschließlich Brennerei), in der schweißtechnischen Abteilung, in den sogenannten Warmbetrieben (Gießerei und Schmiede), in den mechanischen Werkstätten (Anzeichnerei, Bohrerei, Dreherei, Schlosserei, Fräserei, Hobelei, Schleiferei und Kleinteile-Montage), im Radsatzbau, in der Lokomotiv-Montage und schließlich in der Lackiererei. Alle diese wichtigen Lokomotivfabrik-Abteilungen müssen koordiniert werden. Sie zergliedern sich meist noch in weitere Gruppen wie Rohr-

Tafelseite 17. Auch Lokomotivfabriken müssen werben. Hier eine Borsig-Anzeige des Jahres 1904 in der englischen Fachpresse (Archivbild)

Konstrukteure (rechts der Verfasser) im technischen Gemeinschaftsbüro der Vereinigung Deutscher Lokomotivfabriken im Jahre 1953 vor der Zusammenstellungszeichnung der Bundesbahn-Dampflokomotive Baureihe 23 (023) (Archivbild)

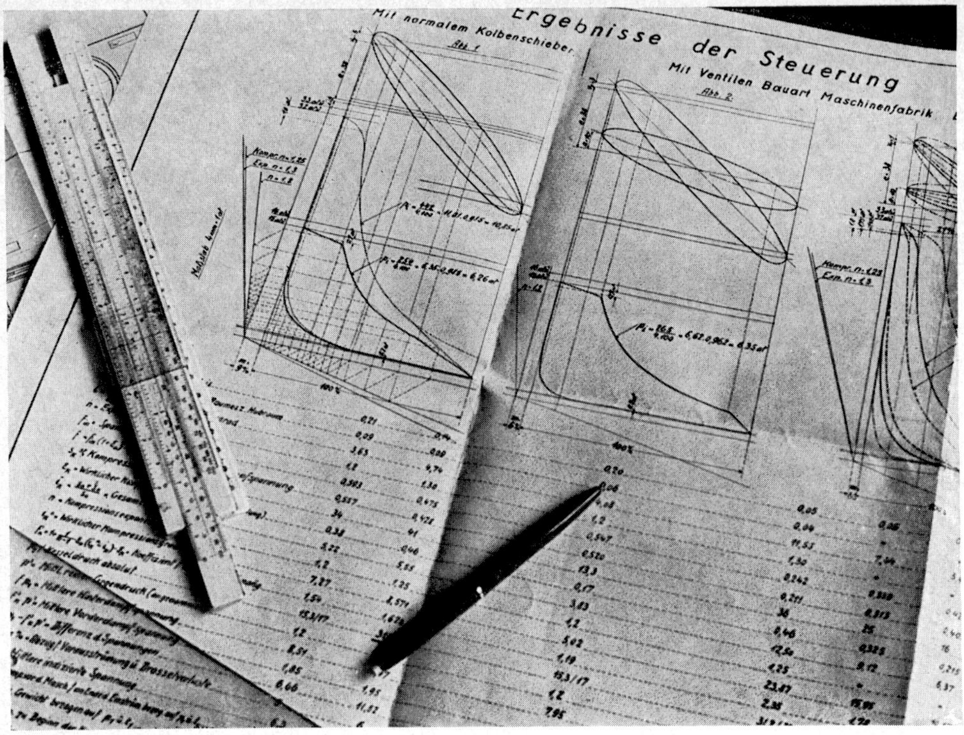

Tafelseite 18. Konstrukteurs-Milieu: Rechnerischer Vergleich von Kolbenschieber- und Ventilsteuerungen (Foto: Messerschmidt)

Blick auf den Schreibtisch eines Lokomotiv-Ingenieurs. Hier geht es um die Gegengewichtsberechnung (Foto: Messerschmidt)

legerei, elektrische Ausrüstungen, Zwischenkontrollstellen, Modellbau, Formerei, Gesenkwerkstätten, Werkzeugbau und Zwischenlager.

Der ausgetüftelte Fertigungsfluß verläuft so, daß alle zusammenbaufertigen Teile und Baugruppen zeitgerecht in der Lokomotivmontage eintreffen. Die Abteilung für Arbeitsvorbereitung hat also meisterliche Planungsarbeit zu leisten, denn fehlende Achslager oder Nachschaltgetriebe bringen die Montage-Teams nicht nur aus dem Konzept, sondern in schwerste Termin-Bedrängnis.

Auch der Einkauf des Werkes muß „spuren“. Zu früh terminierte Tragfedern, Wälzlager, Radsätze (nicht jede Lokfabrik hat einen eigenen Radsatzbau) oder Dieselmotoren verursachen beträchtliche Lagerkosten. Zu spätes Eintreffen der Teile bringt andererseits „Aufruhr“ unter den Lok-Monteuren und Lieferverzögerungen.

Mit dem Montagebeginn müssen also die erforderlichen Teile aus allen Werkstätten und Zwischenlagern heranfließen. Die „Organisationsmaschine“ läuft dann mit Volldampf, und die „Terminjäger“ haben Hochkonjunktur. Die berufsmäßigen Terminverfolger stellen zwar keinen Idealzustand im Betrieb dar, aber nur selten hat es der beste Netzplan der Planungsabteilung vermocht, Werkstoff und Teile perfekt und folgerichtig „fließen“ zu lassen. Man kann sich sicher vorstellen, wie es zugegangen sein muß, als beispielsweise bei der Krauss-Maffei AG in München während des Baues der Bundesbahn-Diesellokomotiven V 200 vom ersten Bleistiftstrich bis zur Abnahme der ersten Lok nur zehn Monate vergangen sind!

Lokomotivfabriken unterscheiden sich meist nur relativ wenig voneinander. Natürlich sind ihre Größen und Kapazitäten verschieden. Aber die Werkstattgliederungen ähneln sich sehr. Das Zentrum, die Montagehallen oder auch Richthallen genannt, weist entweder Längs- oder Parallelmontage auf. Im ersten Fall werden die Lokomotiven hintereinander nach Art eines Fließbandes montiert, im zweiten Fall liegen die Montagestände parallel nebeneinander auf Hallen-Stumpfgleisen, die von einer Schiebebühne bedient werden. Der Montagefluß verläuft demzufolge nicht in Gleislängs- sondern in Gleisquer-Richtung, und zwar von Parallelstand zu Parallelstand.

Die Längsmontage praktizierte beispielsweise die Maschinenfabrik Esslingen. Wir finden sie auch bei Krupp und Rheinstahl-Henschel. Parallelstände hatten AEG-Borsig in Hennigsdorf, das alte Schwartzkopff-Werk, und auch Krauss-Maffei arbeitet nach diesem Montage-System. Der „spannendste“ Augenblick im Alltag der Lokomotivbauer ist das sogenannte „Auf-Rad-fahren“. Dabei werden die vormontierten Lokomotiven, bei denen so gut wie nur die Räder fehlen, mit Hilfe von 80-t- oder 100-t-Kränen auf die Radsätze oder auf die fertig montierten Drehgestelle „gefahren“. Damit steht die Lok dann erstmals auf eigenen Füßen. Früher kam es vor, daß besonders schwere Dampflokomotiven wegen ungenügender Kran-Tragfähigkeit in drei Phasen zusammengefügt wurden:

1. Baugruppe Rahmen mit Zylindern und Trägern,
2. Gesamte Rahmengruppe „auf Rad fahren“,

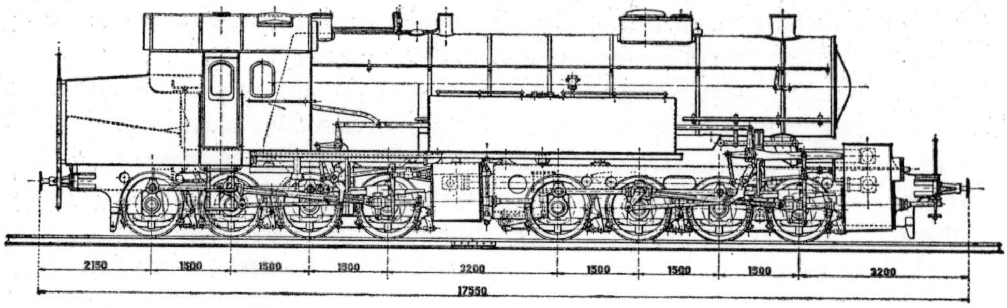

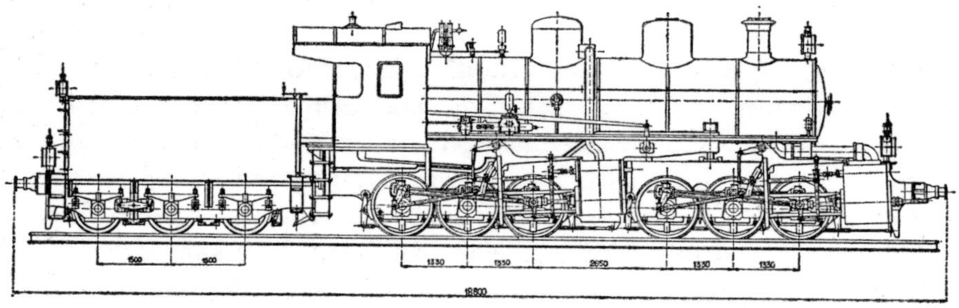

Mallet-Verbund-Lokomotiven gehörten lange Zeit zum Produktionsprogramm fast aller früheren deutschen Dampflokomotivfabriken. Unsere Typenzeichnungen (Maffei) zeigen oben die berühmte bayerische regelspurige Mallet-Tenderlok mit 126 t Dienstgewicht und unten die breitspurige Mallet-Schlepptenderlok mit insgesamt 117 t Dienstgewicht für die spanische Huelva-Zafra-Eisenbahn.

3. Baugruppen Kessel und Führerhaus aufsetzen.

Der normale Montage-Vorgang wurde hierbei also derart geändert, daß niemals das gemeinsame Gewicht von Rahmen, Zylindern, Kessel und Führerhaus zusammen am Kranhaken hing.

Dieses Montage-Verfahren gehörte bald zu den Ausnahmen. Neuere Richthallen bekamen Laufkräne mit zwei Laufkatzen und erhöhter Tragfähigkeit. Es wurde ja im Laufe der Zeit notwendig, nicht nur schwerere Lokomotiven zu montieren, sondern ab und zu sogar ganze betriebsbereite Lokomotiven samt Radsätzen und Triebwerk zu heben.

Im Lokomotivbau der Stettiner Maschinenbau AG Vulcan beförderte man manchmal die komplette 2'C2'-Tenderlok der preußischen Gattung T 18 mit 83,2 t Leergewicht von einem Hallengleis — über Montageständе und Montagegruben hinweg — zum Ausfahrtgleis der Richthalle. Die Berliner Maschinenbau AG, vorm. L. Schwartzkopff, praktizierte mitunter dieses gewaltige Transportverfahren bei der preußischen P 8 bei 70,7 t Leergewicht ohne Tender. Der Leser kann sich vielleicht vorstellen, wie Lokomotivgiganten nahezu geräuschlos in etwa 6 m Höhe durch eine Werkstatthalle „schweben". Natürlich mußten die Sicher-

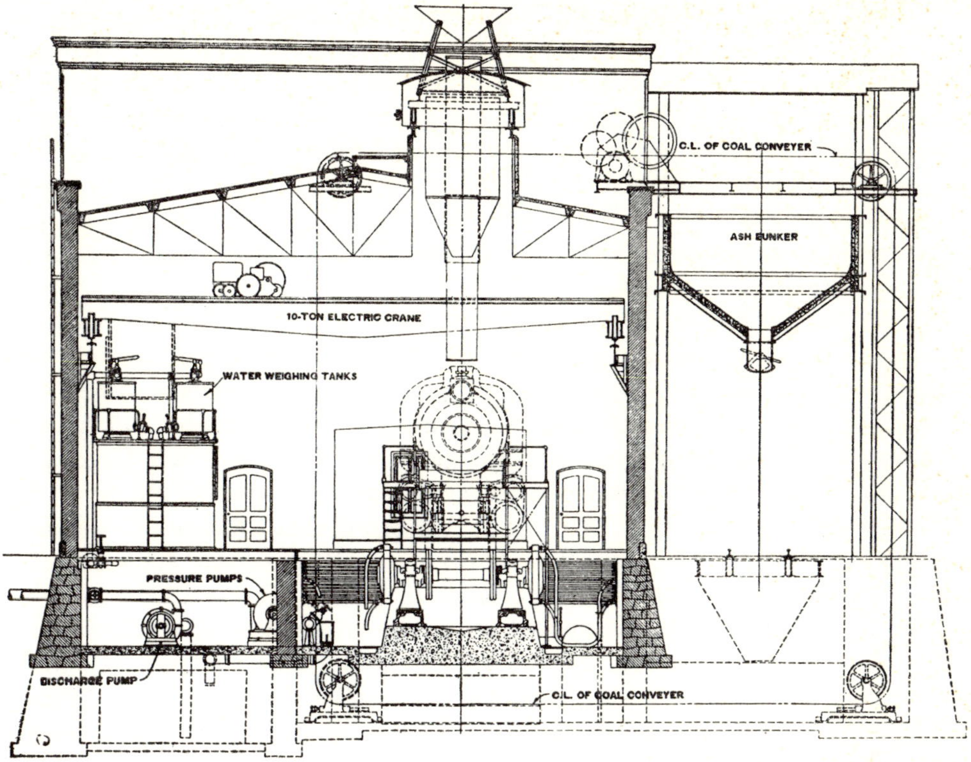

Querschnitt durch den großen Altoona-Lokomotivprüfstand der amerikanischen Pennsylvania-Bahn

heitsvorschriften streng beachtet werden. Kein Mensch durfte sich unter der schwebenden Last aufhalten. Heute trägt man in Erweiterung der Bestimmungen vielfach Schutzhelme gegen herabfallende Teile. Die Maschinenfabrik Esslingen setzte im Jahre 1955 manche der fertigen Mikado-Lokomotiven für die Irakische Staatsbahn mit Hilfe des Laufkranes auf den vorbereiteten Wiege-Stand zur Abnahme und zur Feststellung des tatsächlichen Lok-Eigengewichts. Und eine der 80 t schweren, sechsachsigen C'C'-Brasilien-Diesellokomotiven (Baujahre 1952/53) wurde — am Kran-Geschirr hängend — gedreht, um sowohl das vordere Maschinen-Drehgestell als auch danach das hintere Gestell auf den Rollenprüfstand zu setzen, um einzeln Leistungsmessungen der Maschinenanlagen vorzunehmen. Oft verlangt auch der Versand die Inanspruchnahme der schwersten Montagekräne. Ein Verladen von Lokomotiven auf Schwerlast-Tiefladewagen wäre ein Beispiel hierfür.

Sehen wir uns noch ein bißchen in der Lokomotivfabrik um. Der Laie bekommt bei einem „Tag der offenen Tür" recht vielseitige Eindrücke vom „Milieu". Er staunt über rhythmisch stampfende Dampf- oder Lufthämmer in der

Schmiede, wo aus dem Rohmaterial die vorgeschmiedeten Treib- und Kuppelstangen, die Gesenkteile (Bremsgehängeträger, Federspannschrauben) oder auch Achswellen entstehen. In der „Dampflokzeit“ bildeten die mächtigen, weiträumigen Kesselschmieden mit dem charakteristischen Niet-Turm beliebte Anziehungspunkte. Die Lokkessel wurden senkrecht im Niet-Turm am Kran befestigt und mit hydraulisch betätigten Spezial-Nietmaschinen bedient. Früher gehörten in die Schmiedebetriebe der Lok-Industrie übrigens auch noch Kümpelpressen, Bördelpressen, Kesselblech-Biege- und -richtmaschinen sowie selbstverständlich die notwendigen Gas-Glühöfen.

In den Warmbetrieben — Schmiede und Gießerei — wird Schwerstarbeit geleistet, wenngleich heute die penetrant dröhnende Niethammer-„Musik“ verstummt ist und schwere, von Männern geschobene Gießpfannen-Loren verschwunden sind. Die Mechanisierung hat aber Hitze und Staub, auch manche schwere körperliche Arbeit kaum verdrängen können. Auch in der Gegenwart herrscht in diesen Werkstätten noch weiter das Metier der „harten Männer“.

Werkbesucher staunen über die fast siedlungshaushohen Radsatz-Drehbänke. Immerhin mußten früher für Schnellfahr-Dampflokomotiven Radsatzdurchmesser von 2,3 m aufgespannt und bearbeitet werden. Welche Präzision dabei noch verlangt wurde? Nun, für den Hub und die Winkelstellung der Treib- und Kuppelradsätze kamen meist Toleranzen von nur 0,1 mm in Frage. Die Meßgenauigkeit Kruppscher Radsatz-Meßstände betrug im Dampflokbau 0,02 mm! Wohlgemerkt: wir befinden uns im Großmaschinenbau, nicht etwa in der Feinmechanik!

Auch die Kuppelstangen-Stichmaße sind an kleinste Toleranzen gebunden. Stichmaßfehler im Triebwerk können Schwingungen und abnormen Verschleiß verursachen. Wer erinnert sich da nicht an frühere elektrische Stangen-Lokomotiven, bei denen Resonanzschwingungen zu empfindlichen Störungen und Brüchen führten. — Die Fertigung füllt den Werkbesucher mit Erlebnis-Eindrücken, die er nicht so schnell vergessen wird. Freilich, von den späteren Folgen und Auswirkungen guter oder schlechter Arbeit merkt er beim Werkrundgang nichts. Ihn fesseln vielmehr seltene, imposante, ihm unbekannte Fertigungseinrichtungen und Methoden der Herstellung: Sandstrahlanlagen, Abbrenn-Stumpfschweißmaschinen, die Querschnitte von 20 000 mm^2 spielend beherrschen, die Spritzlackiererei oder die Drehgestell-Montage für elektrische oder Diesel-Lokomotiven. Beiläufig erfährt der Fabrik-Fremde auch, daß es ein eigenes Kraftwerk zur Energieversorgung, daß es eine Lehrwerkstatt zur Nachwuchs-Heranbildung, daß es eine eigene Transportabteilung mit Werklokomotiven, gleislosen Flurförderern und Sprechfunkgeräten, daß es eine eigene Werkfeuerwehr und sogar Werkwohnungen gibt.

Aber auch eine Versand-Abteilung ist wichtig. Lokomotiven gehen in alle Welt. Man muß mit Speditionen aller Länder, mit Schiffahrtslinien, mit Bahnverwaltungen und Schwertransport-Unternehmen verhandeln und planen. Nach der Bremsprobe, nach der Abnahme und nach Ausstellen der Lauffähigkeitsbescheinigung muß der Versand disponiert werden. Strenggenommen: die Disposition muß schon vorher festliegen, denn jetzt nimmt die Ablieferung zur Bestimmungs-Station ihren Lauf. Zunächst bietet sich immer der werkeigene Gleisanschluß an. Bei gleicher Spurweite des speditionsreifen Triebfahrzeuges rollt die neugeborene Lok in der Regel auf eigenen Achsen — mit eigener Kraft allein oder im Schlepp innerhalb eines Zuges — zum Auftraggeber in Deutschland, Dänemark, Österreich oder in die Türkei. Mit den verschiedentlich langwierigen und umständlichen Grenz-, Transit- und Zollformalitäten, mit der Fahrzeug-Zulassung auf fremden Schienen muß die Lokomotivfabrik — ihre Export- oder Versandabteilung — meist selbst fertig werden: Handelt es sich um Fahrzeuge mit vom Gleisanschluß abweichenden Spurweiten, dann kommen Tieflader, Rollschemel oder Transport-Gestelle in Frage. In allen Fällen sind die zulässigen Lademaße zu beachten. Nur selten gibt's Ausnahmegenehmigungen für die Profilüberschreitung. Andernfalls müssen maßüberschreitende Einzelteile abgenommen werden. Bei einem möglichen Transport auf Straßenrollern, auch das kommt vor, ist in erster Linie die gesamte Fahrstrecke zu erkunden und die lichte Durchfahrtshöhe von Brücken, Straßenbahn- oder Obus-Fahrleitungen einzuplanen. Mancher Lok-Transport auf der Straße zu einem Industriebahn-Unternehmen mußte zeitraubende Umwege machen, um allen Hindernissen aus dem Wege zu gehen. Auch solche Begebenheiten gehören zur Entstehungsgeschichte einer Lokomotive, denn wirklich einsatzfähig ist sie ja erst am Bestimmungsort. Dort hat sie ihr Debut.

Bevor entworfene Lokomotiven ihren Erstlingstag erleben, hat die Lokomotivfabrik vieles zu beachten. Das betrifft sowohl die spätere Beschaffung von Ersatzteilen als auch die spätere Wiederverwendung von Zeichnungen für künftige Konstruktionen. Da man im voraus oft nicht weiß, welche Teile bei einem in der Zukunft aufzustellenden Projekt wieder in Betracht kommen könnten, erscheint es vielfach zweckmäßig, derart „verdächtige“ Konstruktionsteile zeichnerisch gleich von vornherein zu trennen. Das macht den Konstrukteuren und Teile-Zeichnerinnen das Leben sauer. Aber gerechtfertigt ist das Verfahren schon. Man trennt zweckmäßig auf der Zeichnung alle Arbeiten, die in völlig verschiedenen Werkstätten oder Arbeitsgruppen und -folgen oder aber innerhalb des Terminplanes zeitlich weit auseinanderliegen. Es ergeben sich dabei noch andere Vorteile: Fertigungs-Teilzeichnungen sind schneller fertiggestellt und können deshalb schon sehr bald zum Anlauf der Beschaffung für die Einkaufsabteilung oder zur Arbeitsvorbereitung im Stückzeitbüro dienen.

Rationalisierungsmaßnahmen im Zeichnungswesen sind um so wirkungsvoller, je mehr die Größe des Lieferumfanges zunimmt. Das bedeutet wiederum ein gemeinsames Planungsvorgehen zusammenarbeitender Lokomotivwerke. Und in der letzten Konsequenz bieten sich Kooperationen, Firmen-Fusionen oder mindestens Arbeitsteilungen bestimmter artverwandter Werke einer Firmengruppe oder eines Konzerns an. Dafür gibt es viele Beispiele: Die Maschinenfabrik Augsburg-Nürnberg (MAN) und die Daimler-Benz AG, die seit Herbst 1968 in einer Entwicklungsgesellschaft für Turbomotoren gemeinsam an der Entwicklung von Gasturbinen arbeiten, sind übereingekommen, die MAN Turbo GmbH in München und die Maybach Mercedes-Benz Motorenbau GmbH in Friedrichshafen zu einer Unternehmenseinheit auf paritätischer Grundlage zusammenzuführen. Beide Unternehmen werden künftig als Motoren- und Turbinen-Union München GmbH beziehungsweise Motoren- und Turbinen-Union Friedrichshafen GmbH firmieren. Jene, im Jahre 1969 vollzogene Firmengründung soll keineswegs ein an den Haaren herbeigezogenes Beispiel sein. Sowohl Daimler-Benz als auch MAN und Maybach hatten seit langem eine Schrittmacher-Position bei der Ausrüstung dieselmotorisch angetriebener Lokomotiven und Triebzüge. Die Gasturbine hat ebenfalls längst Einzug auf europäischen Eisenbahnstrecken gehalten. Gerade dabei bahnen sich Kraftübertragungsformen für Schienentriebfahrzeuge an: Fahrstromerzeugung über Gasturbinen, Gasturbinen-Zusatz- oder Hauptantriebe. Die Turbo-Diesellokomotive V 169 001 (jetzt 219 001), für die Klöckner-Humboldt-Deutz im Jahre 1962 den Bauauftrag erhielt, gehörte damals der Avantgarde unter Deutschlands Lokomotiven an. Und auch hier ging die Erbauerfirma eine Kooperation auf dem Gebiet der Schienenfahrzeuge mit einem Konkurrenz-Unternehmen ein. Klöckner-Humboldt-Deutz (KHD) übertrug die langjährigen Erfahrungen im Lokomotivbau an die Rheinstahl-Henschel AG (Rheinstahl-Transporttechnik) in Kassel, während sich KHD künftig noch intensiver der Entwicklung von Antriebsaggregaten für Schienenfahrzeuge, in erster Linie Dieselmotoren und Gasturbinen, zuwenden wird. Der Bereich „Gruben-, Industrie- und Streckenlokomotiven“ wurde von KHD im Jahre 1969 Henschel übergeben. Für die Rheinstahl-Henschel bedeutet die Übernahme des Programmes eine interessante Ausweitung der Fertigung unter Nutzung größerer Rationalisierungsmöglichkeiten und eine erhebliche Steigerung des Jahresumsatzes. Bei den letzten Esslinger Indonesien-Zahnradlokomotiven zwangen Rationalisierungs- und Preisgründe zur Zusammenarbeit mit einer anderen Firma. Die Kesselherstellung wurde einem Vertrag zufolge der Lokomotiv- und Maschinenfabrik Djuro Djakovic in Slavonski Brod übertragen. Auch Voith hatte bei Diesellokgetriebe-Lieferungen für die Zajednica jugoslavenskih Zeljeznica (Vereinigung der jugoslawischen Eisenbahnen) mit Djuro Djakovic kooperiert. Schon im und vor dem Zweiten Weltkrieg kam es vor, daß Dampflokomotivtender bei Firmen bestellt wurden, die keine Lokomotivfabriken waren: Waggonfabrik AG Rastatt, Eisenwerke Kaiserslautern (EWK), Kupferwerk AG Ilsenburg und andere.

Lokomotiv-Fabriken, Unternehmen des Großmaschinenbaues, geht es also kaum anders als den Automobilherstellern oder der Flugzeug-Industrie. Auf allen solchen Unternehmensgebieten führt gegenwärtig nur die Gemeinsamkeit in angemessener Leistungskraft zum Ziel.

Und merken wir uns dabei noch, daß dadurch oft auch die gemeinsame Nutzung von Patenten und Gebrauchsmustern möglich wird. Fast in jedem großen Lokomotiv-Konstruktionsbüro sitzt ein Spezialist, der sich mit Auslegeschriften des Patentamtes auseinandersetzen muß, in Zweifelsfällen mit der Patent- und Lizenzabteilung seiner Firma Gespräche führt und gegebenenfalls in Zusammenarbeit mit den zuständigen Büros neue, eigene Patent- und Gebrauchsmusteranmeldungen vorbereitet.

Die „tollsten Sachen“ werden mitunter beim Patentamt durchgefochten. Hier nur ein paar Patentschriften unter Tausenden:

Patentschrift	942 930	„Einrichtung zum Aufhängen von Tragblattfedern, insbesondere für Schienenfahrzeuge“
Patentschrift	945 246	„Zweiachsiges Drehgestell für Schienenfahrzeuge“
Patentschrift	948 610	„Vorrichtung zum Abdichten der Innenseite von Achslagerkästen für Eisenbahnfahrzeuge“
Patentschrift	1 024 997	„Antrieb für Schienenfahrzeuge“
Patentschrift	1 038 085	„Turbomechanischer Antrieb für Fahrzeuge, insbesondere für Schienenfahrzeuge“.

Lassen wir's damit genug sein. Sie sehen, daß das Konstruieren auch ein Streifzug durch den Paragraphen-Dschungel sein kann. Allzu leicht hat man eine Patentverletzungsklage am Hals. Und die regelmäßige Zahlung von Lizenzgebühren an den „Urheber“ der „Erfindung“ ist meist auch kein Zuckerschlecken. Lieber vergibt man zu angemessenem Preis selber Lizenzen von eigenem, geschütztem Ideengut.

Welche Lok fürs Angebot?

Vorarbeiten auf Anfrage — Dampf oder Diesel? — Die Vogel-Kurve — Was muß der Lokrahmen aushalten? — Entwicklungskosten — Prototypen

Bevor die Konstruktion einer Lokomotive auf dem Reißbrett beginnen kann, muß das Projekt mit dem Besteller genau abgestimmt und in seiner Konzeption klar sein. Erst dann kann man an die Details, an ihre Berechnungen und an die Aufstellung der Werkstattzeichnungen und Stücklisten herangehen.

Die Projektabteilung kann natürlich nicht in den blauen Dunst hinein arbeiten. Sie beteiligt sich an Ausschreibungen und bietet — den verlangten Bedingungen entsprechend — einen funkelnagelneuen Entwurf oder, falls im Hause schon vorhanden, eine fertige Konstruktion aus der Schublade an. Direkt anfragende Bahnverwaltungen — ganz gleich ob es sich um ein öffentliches oder um ein Industriebahn-Unternehmen handelt — umreißen ihre Bedingungen in Form einer schriftlichen Spezifikation. Meist schickt die Lokomotivfabrik noch einen Fragebogen nach, um unvollständige oder unklare Angaben zu einem geschlossenen Grundlagenbild abzurunden und gezielt projektieren zu können.

Ein solches Verfahren ist ganz natürlich. Wer sich ein Auto kaufen will, hat von „seinem" zukünftigen Wagen ja auch gewisse Vorstellungen, wenngleich bei den meisten Automobilisten die Erscheinungsform, vielleicht auch das Exklusive bewußt in der Äußerung ihres Kaufinteresses anklingt. Aber viele Kraftfahrer haben doch auch bestimmte technische Wünsche, und man interessiert sich auch für die Zahlungsbedingungen. 150 Sachen muß das Super-Modell schon hergeben, hervorragende Beschleunigung will man auch. Der eine wünscht ein luftgekühltes robustes Serienfahrzeug, der andere einen wassergekühlten Motor mit Frontantrieb. Liegesitze, Klimaanlage, Zusatzheizung und geringer Kraftstoffverbrauch sind weitere Forderungen, die das Herstellungsprogramm unserer Automobil-Industrie vom „Schlagloch-Suchgerät" bis zum luftgefederten Straßenkreuzer mit hydraulischem Automatik-Getriebe mitbestimmen.

Wer schon einen ganzen Fuhrpark hat, wird sich aus Gründen der Ersatzteilhaltung und Wartung auf gewisse Einheitsmodelle beschränken und preisgünstig einkaufen wollen. Derartige und ganz ähnliche Argumente spielen auch in der Lokomotivbeschaffung ihre vordergründige Rolle. Allerdings sind die Dimensionen im Hinblick auf Kredite, Zahlungsziele und technische Variationen viel größere. Immerhin haben die Bahnverwaltungen meist keine Millionenbeträge sofort verfügbar, und die bereits vorhandenen Fahrbahnen — also Gleise, Weichen, Brücken, Steigungen, Lichtraumprofile — dürfen durch eine neu zu beschaffende Lokomotive nicht gleich ganz und gar aus den Fugen geraten.

Tafelseite 27. „Einfahren" der Feuerbuchse mit Brennkammer in den Stehkessel einer 23er-Lokomotive der Deutschen Bundesbahn. Der Fotograf beobachtete diesen Vorgang in der Kesselschmiede der Maschinenfabrik Esslingen. (Foto: Esslingen)

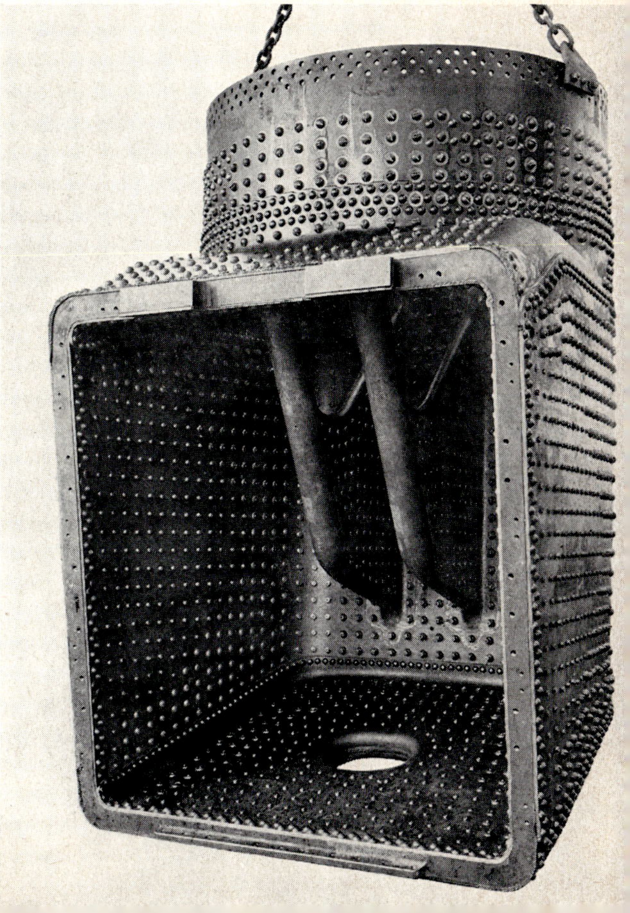

Am Kran hängender genieteter Stehkessel mit Wasserkammern einer im Jahre 1935 von Esslingen gebauten Dampflokomotive für die Chilenische Staatsbahn (Foto: Esslingen)

Tafelseite 28. Serienfertigung von Lokomotivkesseln für die preußische G 12 in der Maschinenfabrik Esslingen (Foto: Esslingen)

Dampfdruckprobe eines für eine Argentinien-Lok bestimmten Kessels. Wir erkennen den „simulierten" Aschkasten und den Behelfs-Schornstein. (Foto: Esslingen)

Tafelseite 29. Bauzustand am 21. März 1930 einer chilenischen Zahnradlokomotive

Lokomotiv-Barrenrahmenwangen bei der Bearbeitung auf dem Bohr- und Fräswerk
(Fotos: Esslingen)

Tafelseite 30. Ein Lokomotivrahmen ist zum Vermessen vorbereitet. Am Pufferträger ist bereits die Spannvorrichtung für den Meßdraht angeschraubt. (Foto: Esslingen)

Schwenkbare Schweißvorrichtung für große Lokomotiv-Rahmen. Im Bild sehen wir den geschweißten Fahrzeugrahmen für im Jahre 1967 nach Griechenland gelieferte diesel-elektrische 2000-PS-Lokomotiven mit Siemens-Transidyn-Regelung. (Foto: Jung)

Öffentliche Ausschreibung von elektrischen Lokomotiven für die Türkische Staatsbahn in einer großen italienischen Tageszeitung im Sommer 1969

BANDO DI APPALTO
delle
FERROVIE DI STATO DELLA TURCHIA

per fornitura e costruzione delle locomotive elettriche in Turchia

1. Secondo i termini e le condizioni indicate nei rispettivi documenti di appalto, si invitano gli interessati a sottoporre le offerte per la fornitura di otto locomotive elettriche complete e sette locomotive elettriche CKD (completamente smontate per la spedizione) ed i necessari disegni e schemi per la costruzione delle stesse in Turchia.
2. Le offerte debbono essere mandate in buste sigillate contro ricevuta oppure spedite per raccomandata aerea, in modo da arrivare al Reparto Acquisti della Direzione Generale delle Ferrovie di Stato (Purchasing Department of the General Directorate of Turkish State Railways) in Ankara, Turchia, entro le tre pomeridiane del lunedì 28 luglio 1969, come stabilito. Le offerte arrivate dopo la data suddetta, anche a causa dei ritardi postali, non saranno prese in considerazione.
3. Sulle buste contenenti le offerte dovrà essere indicato il seguente riferimento: «BID FOR MANUFACTURING ELECTRIC LOCOMOTIVES. Ref. n. 93022-5001».
4. I documenti di offerta possono essere ottenuti dal Central Disbursement Office of Turkish State Railways in Ankara oppure dal Disbursement Office of the Regional Railways Management in Sirkeci, Istanbul, al prezzo di Lire Turche 250.00.
5. Le Ferrovie di Stato Turche si riservano il pieno diritto di accordare o meno l'appalto oppure di assegnarlo ad un offerente di loro scelta secondo il proprio giudizio.

Mancher Besteller verlangt von vornherein eine Dampflokomotive, ein anderer schwört auf eine Diesellokomotive und wieder ein anderer möchte unbedingt eine elektrische Fremdstromlokomotive. Ein vierter wünscht eine kombinierte Reibungs- und Zahnradlokomotive beliebiger Antriebsart. Und eine ganz unbefangene Eisenbahndirektion hat überhaupt keine Wünsche hinsichtlich der Traktions- und Fortbewegungsart. Man verläßt sich da ganz auf die Beratung der Lokomotivfabrik!

Die Herstellerfirma muß demzufolge vor allem folgendes wissen: Spurweite, Umgrenzungsprofil, größter zulässiger Achsdruck, Tragfähigkeit von Brücken und Drehscheiben (Lastenzüge), kleinster zu befahrender Gleiskrümmungshalbmesser und zugehörige Spurerweiterung, größte gewünschte Bruttoschlepplast in der Ebene und auf der Maximalsteigung, geforderte Geschwindigkeiten, Art des Wagenparks (Drehgestelle, Wälz- oder Gleitachslager) zur Errechnung der Fahrwiderstände, behördlich genehmigte Höchstgeschwindigkeit, Art der Kupplung und der Bremsen, Anschlußmaße für die Zug- und Stoßvorrichtung.

Eine der wichtigsten Grundbedingungen für die Abgabe des Angebots ist natürlich die Entscheidung für eine bestimmte Traktions- und Antriebsart. Für *Dampflokomotiven* benötigt man die Hinweise auf die verfügbaren Brennstoffe (Steinkohle, Braunkohle, Braunkohlenstaub, Öl, Torf, Holz) mit Angabe von Heizwert und Zusammensetzung. Ferner sind wichtig das Wissen um die Kilometerabstände der Wasser- und Brennstoff-Ergänzungsstationen (zur Dimensionierung der Vorratsbehälter) und die Klärung der Dampfverarbeitung (Naßdampf, Heißdampf),

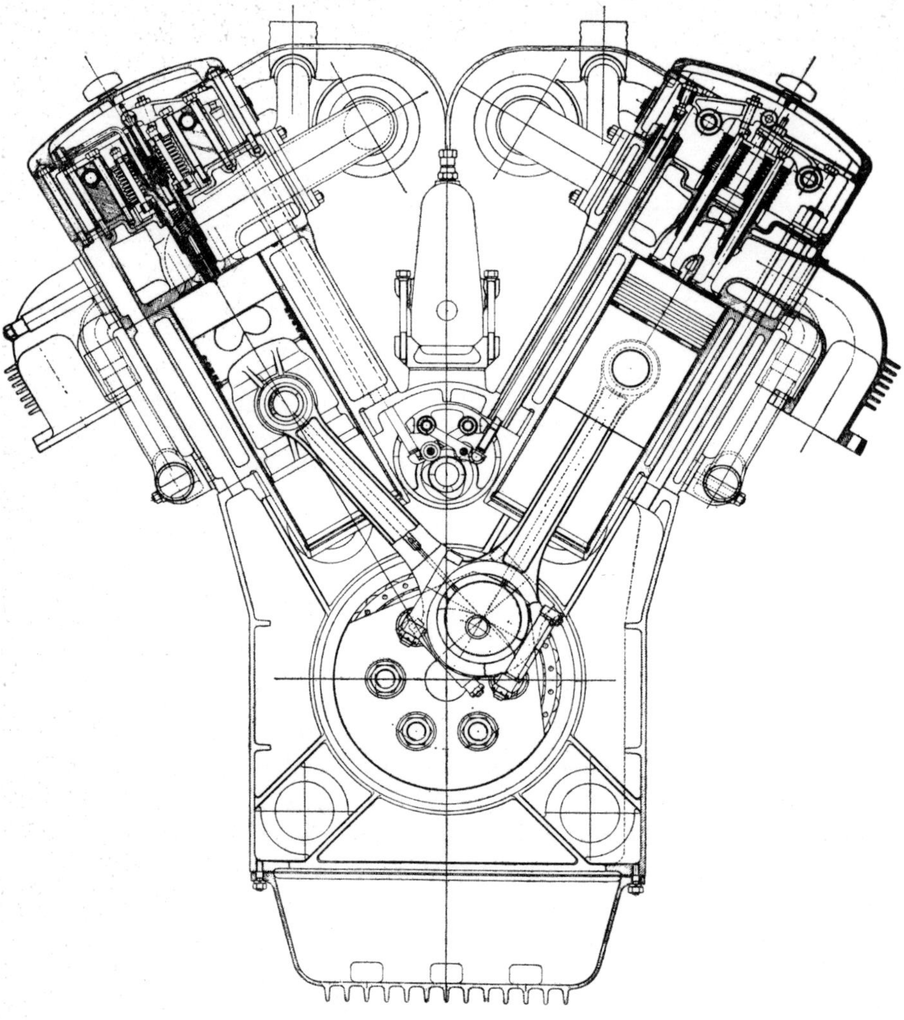

Aus der Arbeit der Konstruktionsbüros: Schnittzeichnung eines Dieselmotors für eine Zahnradlokomotive der Monte-Generoso-Bahn (Zeichnung: Saurer)

der Bremsenbeaufschlagung (Dampf, Vakuum, Druckluft) sowie Ablehnung oder Akzeptierung gewisser Sonderausrüstungen (registrierende Geschwindigkeitsmesser, Spurkranzschmierung, Stoker, Rußausbläser).

Bei *Diesellokomotiven* gibt es mindestens genauso zahlreiche Einzelinformationen: Viertakt- oder Zweitaktmotor, Füllungs- oder Drehzahlregelung, hydraulische, mechanische oder elektrische Kraftübertragung, Mittel- oder Endführerhaus, einfache oder doppelte Führerstandsanordnung, mit oder ohne Zugheizvorrichtung, Mehrfachsteuer-Ausrüstung, Einrichtung für Streckenfunk, elektrische oder Druckluft-Anlassung.

Sie staunen, weil die Lokomotivfabrik so viel wissen will? Selbstverständlich kann die Projektabteilung von sich aus alles mögliche in das Angebot hineinbauen. Aber das hat seine Haken. Manche Bahnverwaltung lehnt kompliziertere Einrichtungen ab, weil ihr Fahr- und Werkstättenpersonal nicht darauf „geeicht" ist. Außerdem wirken sich zahlreiche Raffinessen auf den Preis aus. Dann kann es geschehen, daß ein technisch hervorragendes Lokomotivangebot unter den Tisch fällt, weil ein Konkurrenz-Unternehmen ein wesentlich billigeres „Nullachtfuffzehn"-Fahrzeug offerierte!

Deshalb braucht man von Anfang an so viel Klarheit wie nur irgend möglich. Und da hat auch die *elektrische Lokomotive* entscheidende Bedingungen zu stellen: Art der Stromzuführung (Oberleitung, Stromschiene, Akkumulatoren), Stromart und Spannung, gewünschte Bauart der Fahrmotoren (Tatzlager-, Gestell- oder Achsmotoren), Vorschriften über das „Herausfahren" der Motoren beim Instandhaltungswerk (nach oben mit Kran, nach unten mit Senk- und Hebebühne), Herausnahme-Möglichkeiten des Transformators, im Bestimmungsland geltende elektrotechnische Vorschriften und schließlich die etwa verlangte elektrische Bremsung mit Stromrückspeisung in die Fahrleitung.

Wenn alle diese Einzelheiten möglichst und hoffentlich beieinander sind, kann man endlich mit der Ermittlung der Lokomotivleistung anfangen und einen ersten Entwurf — in der Regel im Maßstab 1 : 40 — zeichnen. Das Projektbild läßt dann erkennen, wie die errechnete Leistung, also Dampferzeuger mit Dampfmaschine, Dieselmotor, Transformator mit Fahrmotoren sowie Getriebe unterzubringen sind, wie sich Vorräte anordnen lassen und wie die mögliche Lastverteilung auf Grund der angenommenen Achsanzahl aussieht.

Das Projekt ist damit noch lange nicht angebotsreif. Noch viele Überlegungen folgen. Wichtig ist zum Beispiel die Bestimmung der Dieselmotorleistung für Lokomotiven, die auf Gebirgsstrecken mit mehreren tausend Metern Seehöhe verkehren sollen. Die Luftverdünnung wirkt sich dann natürlich auf die Ansaugmenge der Verbrennungsluft aus. Der Lok-Konstrukteur wird sich also sehr genau mit dem Motoren-Lieferanten beraten und einen geeigneten Motor (eventuell mit Aufladung und Ladeluftkühlung) herausfinden müssen.

Darüber hinaus sollte bereits im Projekt eine Aussage über die Krümmungsbeweglichkeit der Angebots-Lok enthalten sein. Die Achsanordnung ist so zu treffen, daß Gleisbögen und Weichen mit möglichst geringer Abnutzung von Schiene und Spurkranz „bezwungen" werden. Ein zeichnerisches Schnellverfahren hilft hier weiter. Man zeichnet ein sogenanntes Stellungsbild und nimmt an, daß die in Fahrtrichtung erste feste Achse mit dem Spurkranz am Außenbogen anläuft, während die letzte Achse innen anläuft oder bei großem Spurspiel und Halbmesser freizulaufen versucht. Das Stellungsbild, von Rudolf Vogel angegeben, wird in ungleichen Maßstäben gezeichnet, so daß die Gleisbögen mit Spurerweiterung nicht als Teile eines Kreises, sondern einer Ellipse erscheinen. Das tut man aus hier nicht zu erörternden Zweckmäßigkeitsgründen. Die benötigten Radsatzverschiebungen kann man dann aus dieser „Vogel-Kurve" leicht herausmessen.

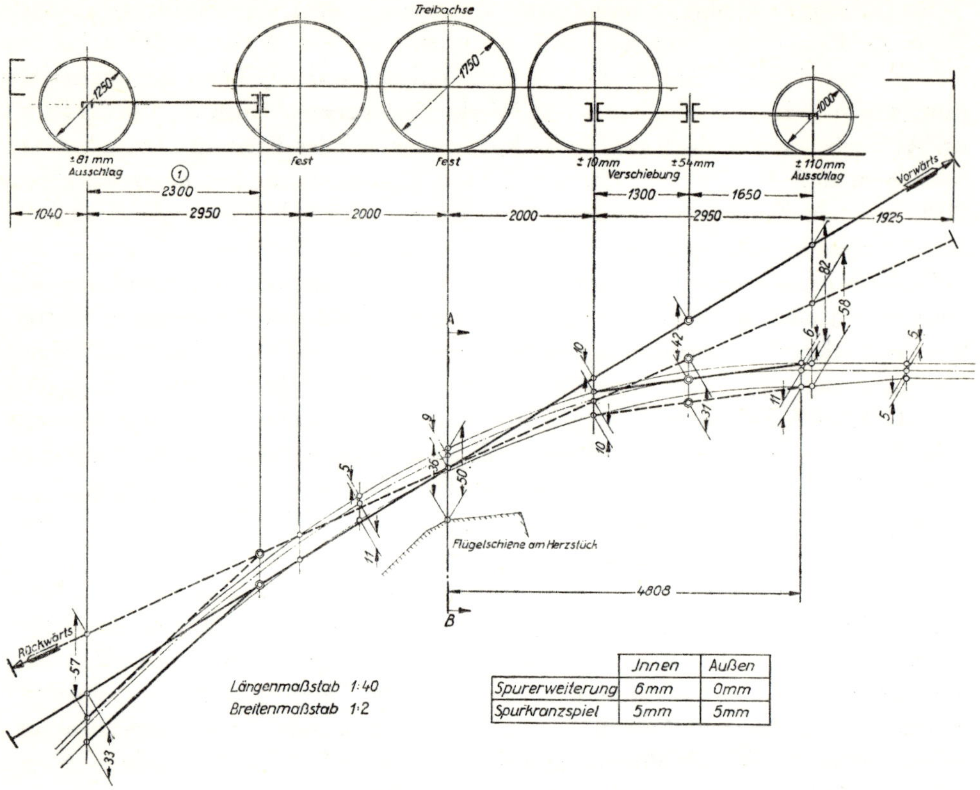

Auf diese Weise ermittelt der Lokkonstrukteur die Einstellung einer 1'C 1'-Lokomotive in der Bundesbahn-Weiche 190—1:7,5/6,6 rFz. Stellungsbild nach Vogel. (Zeichnung: Henschel)

Auch die Seitenausschläge der Lenkachsen, Drehgestelle und Kupplungsteile sowie etwaige Spurkranzschwächungen lassen sich auf diese Art einfach ermitteln. Die „Vogel-Kurve“ wird dem Angebot meist auch gleich beigefügt.

Hierbei können wir auch gleich erkennen, welche verschiedenartigen Detail-Überlegungen die Projektingenieure schon beim Angebotsbild oder beim Vor-Entwurf wesentlicher Bauteile und Bau-Gruppen anstellen müssen:

Der Gleisbogenlauf von Lokomotiven, das Überfahren schlecht verlegten Oberbaues (Plantagenbahnen, Industriegleise, Bergwerksstrecken) und das Anlaufen von Weichen-Abzweigungen wird in „erster Instanz“ von den Radsätzen bewältigt, die sich seitlich verschieben, ausschwenken oder aber auch mit gewissem Spielraum durch Spurkranzschwächung ihrer stählernen Fahrbahn folgen müssen. Dabei entstehen stoßartige Beanspruchungen, die man gegebenenfalls zu einem Teil durch Rückstellvorrichtungen in Lenk- und Drehgestellen elastisch auffangen kann. Die elastische Nachgiebigkeit von festgelagerten Achsen ist ganz unbedeutend. Da muß der Rahmen mit seinem darüberliegenden Kessel ganz ordentliche

Querkräfte aufnehmen, was seine Rückwirkungen auch auf die Radsterne und Achswellen hat.

Diese Erörterungen spielten vor allem bei Projekten früherer Starr-Rahmen-Lokomotiven eine wichtige Rolle. Damals hatte die Alternative „steifer oder elastischer Lokomotivrahmen“ mindestens ebenso viele Gegner wie Befürworter. Der steife Barrenrahmen früherer deutscher Einheits-Dampflokomotiven erschien im Nachteil. Wenn es trotzdem relativ wenig Rahmenbrüche gegeben hat, so mag das wohl am tadellos verlegten und gepflegten Oberbau mit sorgfältig ausgeführten Übergangsbögen gelegen haben. Der amerikanische Barrenrahmen war einst wesentlich „schmiegsamer“, wurde aber dann vom verwindungssteifen Stahlguß-Rahmen abgelöst. Das ging allerdings meist nicht ohne Radsatzspiele bis zu 57 mm in den Achslagern, so daß bei schlechter Gleislage wohl die Radsätze in Querrichtung „galoppieren“, Rahmen und Kessel jedoch sich fast geradlinig, nahezu ungestört, fortbewegen konnten. Kräftige Rückstellvorrichtungen für die Radsätze und sphärische Stangenlagerbuchsen waren die Begleiterscheinungen solcher konstruktiver Grundsatz-Entscheidungen.

Bis etwa 1830 baute man übrigens überwiegend Holzbalken- oder mit Stahlblechen belegte Sandwich-Rahmen. Stephenson begann später Blechrahmen zu entwickeln. Doch fast um die gleiche Zeit tauchten in England auch schon die ersten Barrenrahmen im Lokbau auf. In Nordamerika dominierte ebenfalls zuerst der Holzrahmen. Im Jahre 1853 produzierten dann Coleman Sellers & Son in Philadelphia die ersten landeseigenen Barrenrahmen. Viele Jahrzehnte danach — etwa um die Jahrhundertwende — befreundeten sich die Kontinental-Europäer mit dem „amerikanischen“ Barrenrahmen.

Daß der Lokomotivrahmen überhaupt schon bei der Angebotsabgabe wichtige Erörterungen notwendig machte, hat eben mehrere Ursachen:

Preise und Lieferzeiten für 10 bis 15 Meter lange Rahmenbleche von etwa 25 mm Dicke und für ebenso lange, aber 85 bis 100 mm dicke Barren sind sehr unterschiedlich.

Fertigung, Fertigungskosten und Belegung der Werkstätten und Bearbeitungsmaschinen sind bei beiden Rahmen-Bauarten nicht die gleichen.

Welche Bedeutung beispielsweise ein Dampflokomotivrahmen gewinnt, wird verständlich, wenn man seine „Funktion“ betrachtet: Er ist der Träger für Kessel, Dampfmaschine, Bremseinrichtung und für alle Aufbauten (Führerhaus, Laufbleche, Behälter). Er stützt sich über Federn auf die Achslagergehäuse und überträgt Zug-, Stoß- und Bremskräfte. Es gibt Innen- und Außenrahmen. Im Dampflokomotivbau war der Außenrahmen nie sonderlich geschätzt, weil er gegenüber einer im Triebwerk andersgearteten, einzelachsangetriebenen Elektro-Lokomotive gewisse Nachteile mit sich bringt: Verwendung spezieller, vor den Achslagern liegender Kurbeln für die Kuppelstangen oder Anordnung eines Innenzylinder-Triebwerkes mit Kropfachsen, ferner schwierigere Unterbringung der Querversteifungen und manchmal auch eine etwas teurere Herstellung. Bei elektrischen Starr-Rahmen-Lokomotiven war der Außenrahmen infolge seiner größeren Raumfreiheit zwischen den Wangen recht willkommen, denn leistungsfähige Fahrmotoren und Getriebe hätte man sonst nur mit beträchtlichen Schwierigkeiten unterbringen können.

Verweilen wir ruhig noch etwas beim Lokomotivrahmen, der dem Laien kaum in Erscheinung tritt und doch ein ganz wichtiges kompliziertes Gebilde ist. In ihm treten beim Anheben der Lokomotive (ohne Radsätze und ohne Achsgabelstege) besonders hohe Biegemomente auf. Schon während der Montage hängt die Lok am Kran und wird auf die Radsätze heruntergefahren. Der gleiche Montage-Vorgang wiederholt sich später im Ausbesserungswerk. Die Kesselpendelbleche verringern in dieser Situation die Rahmendurchbiegung.

Es gibt im übrigen eine Menge Abstützungsarten des Rahmens auf die Radsätze — mit und ohne Tragfederquerausgleich —, die man schon bei der rechnerischen Vorkalkulation im Entwurfsstadium durchdenken muß, um günstige Vorschläge machen und die späteren Rahmenbeanspruchungen so gering wie möglich halten zu können.

Schließlich wirken auf den Dampflok-Rahmen neben Achsquerkräften, Stützkräften und Pufferdruck noch Torsionsbeanspruchungen bei Federbrüchen und einseitig wirkenden Pufferstößen sowie Biegemomente durch verschiedene Höhenlagen von Achsmitte, Zylinderflucht und Zug- und Stoßvorrichtungen. Die Kolbenkräfte belasten vor allem den Rahmenausschnitt über der ersten Kuppelachse. Rahmenbrüche an diesen Stellen beklagte man mehrfach. Obwohl in der Praxis die ideale Kraftverteilung durch Lagerspiele, elastische Formänderungen in den Kuppelstangen und durch die mehr oder weniger spielfrei eingepaßten Achsgabelstege nie ganz erreicht werden kann, weiß man über die Größenordnungen Bescheid und man kennt auch die Wechselwirkung der Dampfmaschinen-Kolbenkräfte, die versuchen, die vielgeplagten Rahmenwangen auch noch in Längsrichtung gegeneinander zu verschieben. Daß so etwas dennoch nicht passiert, ist eine Folge konstruktiv geeignet ausgeführter Rahmenquerverbindungen, über die sich allerdings der Angebotsingenieur keine allzu großen Gedanken macht, denn hierbei setzt später die eigentliche Arbeit des Detail-Konstrukteurs ein.

Elektrische und Diesel-Lokomotiven fordern von ihrem Hauptrahmen — sofern sie keinen Stangenantrieb haben — weniger verwickelte „Kraftmeierei“. Wir haben es dabei meist mit geschweißten Brückenträgern zu tun, die sich auf Drehgestellen abstützen, Zug- und Stoßkräfte übertragen, alle auf und im Rahmen angeordneten Baugruppen und die zugehörigen Biegemomente aufnehmen. Selbstverständlich ist das nicht alles, was verkraftet werden muß. Biegemomente für die Drehzapfenlagerungen, einseitiger Pufferdruck und Durchbiegung beim Anheben der Lok gehören auch dazu. Aber man nutzt im modernen Diesel- und Ellokbau mehr und mehr die Erkenntnisse von Leichtbau-Prinzipien, wobei man im Experiment mit Hilfe von Dehnungsmeßstreifen „Zonen“-Beanspruchungen im Rahmen genau ermitteln und „das Letzte“ aus der Rahmenkonstruktion herausholen kann. Oft bilden Rahmen und Kastenaufbau eine rechnerische und konstruktive Einheit. Das ist ein Faktum, welches zwar im Dampflokbau in An-

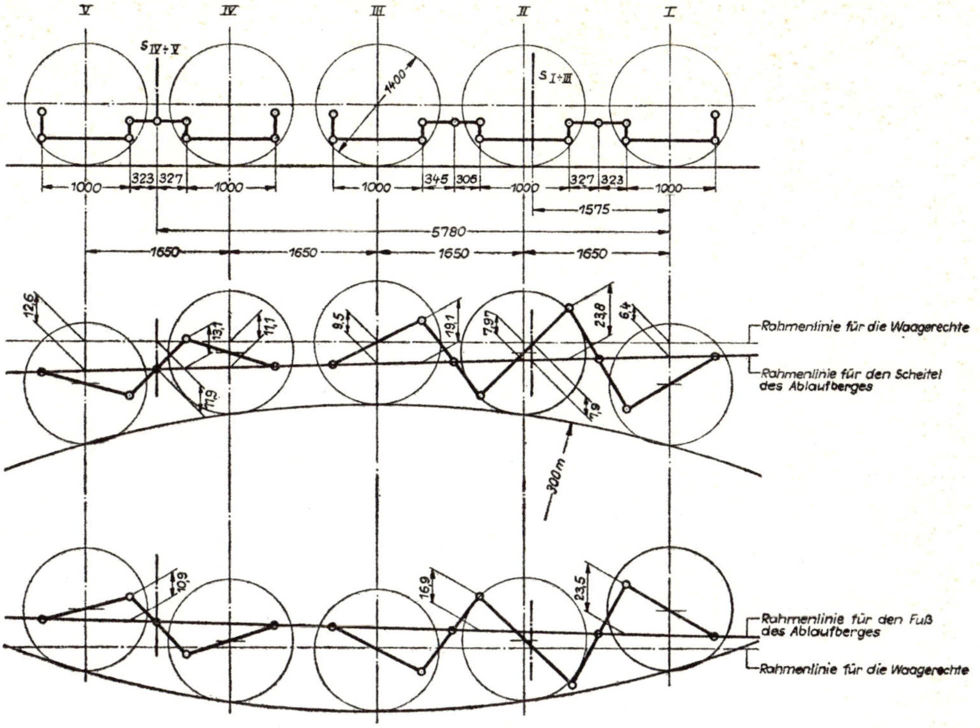

So ermittelt der Konstrukteur die Stellung einer fünfachsigen Lokomotive auf dem Ablaufberg

betracht des mittragenden Dampfkessels auch einigermaßen gegeben war, aber durch die Anordnung von Pendelblechen, Stehkessel-Gleit- und -Schlingerführungen nicht ohne weiteres beherrscht werden konnte. Die Ermittlungen der Rahmenspannungen hat immerhin schon den Dampflokomotivbauern um so mehr Kopfzerbrechen gemacht, je höher die Leistungen hinaufkletterten. Mehrere Rechnungsverfahren und graphische Methoden dienten der Kraft- und Spannungsergründung. Wer sich einmal vergegenwärtigt, wie sich ein langer Lokomotivrahmen „anstrengen" muß, wenn ihn der Lokomotivführer über den Rundungshalbmesser eines Ablaufberges quält und sich dabei die Tragfedern zusammendrücken und strecken, dem wird klar, wie sehr Fahrzeug, Rahmen und Schiene aufeinander abgestimmt sein wollen. Ablaufberg-Rundungshalbmesser und Knickwinkel sind erst zu ihren rechten Dimensionen gekommen, als sich die Entgleisungen, Rahmen- und Federbrüche häuften. Es werden hier wieder einmal die Wechselwirkungen zwischen Entwicklung und Praxis recht deutlich. Und praxisnah muß eben auch die Projekt- und Angebotsabteilung arbeiten. Wir haben keineswegs sämtliche Überlegungen, die während der differenzierten Projektarbeit anklingen, aufgezählt. Bände könnten damit gefüllt werden!

Der Projektingenieur ist meist ein „alter Hase" mit langjähriger Konstruk-

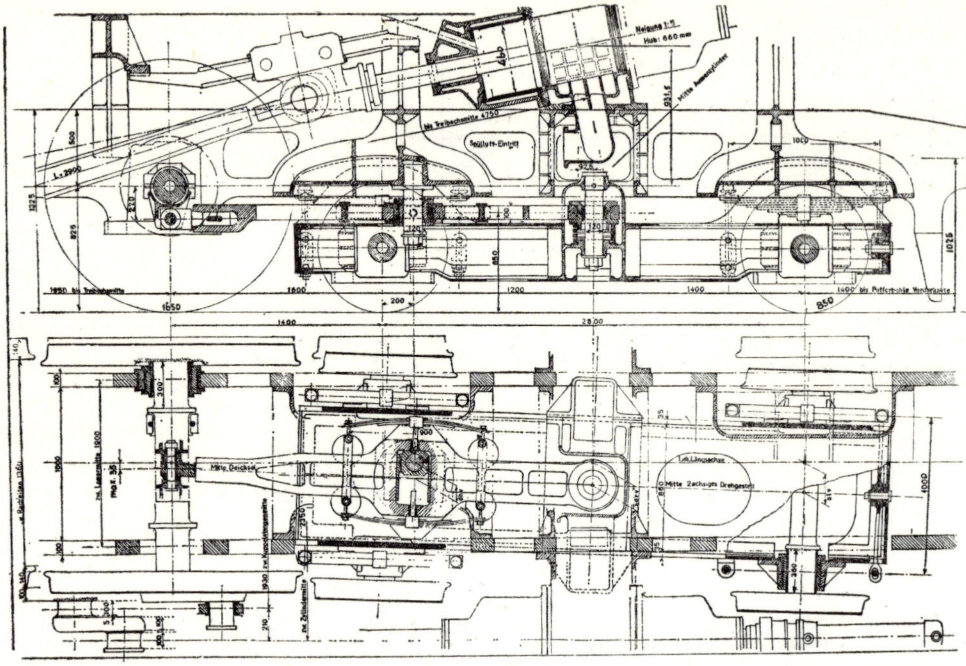

Hier war das Lokomotiv-Projektbüro am Werk: Entwurf der Anordnung eines Kolbentriebwerkes mit darunterliegendem zweiachsigen Schwenkgestell in Sonder-Bauart. (Zeichnung: Esslingen)

tionserfahrung und ausgezeichneter Spürnase. Das Wörtchen „alt“ steht hierbei nicht an Stelle von „grauhaarig“, sondern es setzt den Akzent auf Könnertum und Praxis. Während des Entwerfens ist es auch wichtig, aus Preis und Fertigungsgründen die jeweilige Verwendung bewährter vereinheitlichter Teile mit einzuplanen. Oft sind die Ausschreibungstermine zeitlich so kurz bemessen, daß man nur unter „Kopfständen“ mithalten kann. Je mehr Kessel-, Triebwerk-, Dieselmotoren- oder Getriebe-Zeichnungen bereits fertig in der Schublade liegen, desto schneller kann man kombinieren, die erforderliche Leistung (Produkt aus Zugkraft am Radumfang und Fahrgeschwindigkeit) berechnen, die Zugkraft-Kurve und die Schlepplastendiagramme ermitteln und die Preiskalkulation abschließen.

Vorher ist allerdings noch mit der Abteilung für Arbeitsvorbereitung zu klären, ob die in der Ausschreibung gewünschten Lieferdaten überhaupt eingehalten werden können. Reicht die eigene Werkstatt-Kapazität nicht aus, sei es weil sie in der fraglichen Zeit bereits voll genutzt ist, sei es weil das Werk für einen Mammut-Auftrag überhaupt nicht eingerichtet ist, dann kann man unter Umständen noch mit einer befreundeten Lokomotivfabrik verhandeln, um wenigstens gemeinsam zum Zuge zu kommen. Die Federführung bleibt natürlich beim Absender der Offerte.

Tafelseite 39. Ein Schnappschuß aus dem „zünftigen" Dampflokomotivbau der zwanziger Jahre: Ein Kropfachs-Radsatz wird mit Gleit-Achslagern bestückt. (Foto: Hanomag/Sammlung Klaaßen)

Triebradsatz mit Lenkergetriebe und „tanzendem Ring" einer italienischen Elektrolokomotive der Reihe E 646 (Foto: TIBB)

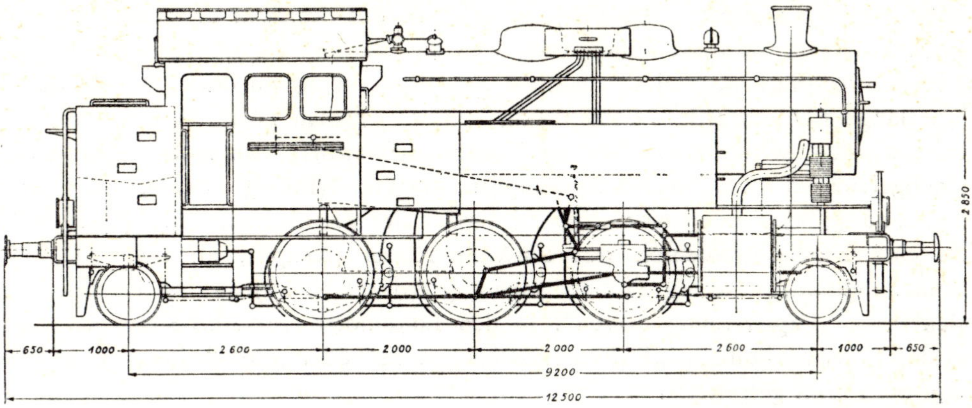

Projektskizze für eine im Konstruktionsbüro geplante 1'C 1'-Tenderlokomotive normalspuriger Bahnen. Kesseldruck 16 kg/cm². Kuppelraddurchmesser 1400 mm
(Zeichnung: Esslingen)

Handelt es sich um eine völlige Neu-Entwicklung — beispielsweise um eine Gasturbinen-Lokomotive oder um eine elektrische Prototyp-Bauart oder um ein Triebfahrzeug mit einem „revolutionierenden" Hochdruckkessel —, dann steigen die Entwicklungskosten manchmal ganz enorm. Bei Lieferung von Einzelexemplaren müssen diese Kosten fast immer auf das Einzelfahrzeug umgelegt werden. Je größer aber die Stückzahl ist, desto geringer wird der Entwicklungskostenaufwand pro Fahrzeug.

Wie hoch Entwicklungskosten sein können? Einige Zahlen hellen dieses Kapitel auf: Die am 17. April 1934 von der Deutschen Reichsbahn bestellte Borsigsche 05 001 hatte einen Entwicklungskosten-Aufwand von etwa 35 000 RM verursacht und insgesamt runde 300 000 RM gekostet. Der Entwicklungskosten-Anteil belief sich also auf weit über 10% des Verkaufspreises. Bei der Henschel-Stromlinien-Tenderlok 61 001 lagen jene Kosten sogar bei etwa 16% des Gesamtpreises. Motor-Kleinlokomotiven der Vorkriegszeit, Baureihe Kb, erforderten Entwicklungskosten von etwa 3000 bis 8000 RM pro Baureihe.

Lokomotiv-Entwicklungen für größere Bahnverwaltungen, beispielsweise für die Deutsche Bundesbahn oder für die Italienischen Staatsbahnen, werden naturgemäß in enger Zusammenarbeit zwischen Lokomotiv-Industrie und den Lokomotiv-Dezernaten der beschaffenden Bahnen durchgeführt und bis zur Baureife

Tafelseite 40: Radsatzmontage bei der Friedr. Krupp Hüttenwerke AG. Das Foto zeigt das Einwalzen der Sprengringe am Radreifen. Die obere Radscheibe des senkrecht stehenden, mit Getriebe versehenen Radsatzes hat noch keinen aufgeschrumpften Radreifen.
(Foto: Krupp)

miteinander diskutiert. Viele Projekte erleiden das Schicksal des Vergessenwerdens, weil man sie nicht akzeptierte, weil sie bestimmte Forderungen nicht zu erfüllen versprachen, weil sie zu hohe Kosten verursachten oder weil sie durch jahrelange stiefmütterliche Behandlung vom technischen Fortgang einfach überrollt wurden. Wir erinnern hier an Vorkriegs-Entwürfe von rost- und kohlenstaubgefeuerten 2′D h4v-Schnellzuglokomotiven (Borsig 1935), für eine 2′C 2′h3 (h3v)-Tenderlokomotive als Ersatz der preußischen T 18 (Henschel), an eine 2′D2′-Turbinenlok mit La-Mont-Kessel (Krupp), an eine 2′C1′h3-Schnellzuglokomotive mit 21 t Achsdruck (Breda/FS, 1929) und an verschiedene elektrische „Papier-Lokomotiven“. In den Lokomotiv-Ausschuß-Sitzungen hieß es dann meist lakonisch: „Entwurf zurückgestellt“ oder „Entscheidung über den Bau noch nicht getroffen“.

Es kam auch vor, daß man — weil noch Skepsis herrschte — nur einen isolierten Entwicklungsauftrag ohne Bauverpflichtung erteilte. Ein solcher Auftrag wurde vom Auftraggeber selbstverständlich bezahlt. Er konnte aber auch, sobald kein Interesse mehr bestand, abgebrochen und zurückgezogen werden. Viele andere Entwicklungen erfolgten aus Eigen-Initiative der Lokomotivfabriken, ohne daß ein Auftraggeber ein Startzeichen gab. Man hoffte eben, eines Tages mit einer unbestellten Eigenentwicklung zu einem Bau-Auftrag zu kommen. Manche Fabrik *baute* sogar Probelokomotiven auf eigenes Risiko. Manche Fabrik hatte dabei Pech und wrackte ihr „Schmuckstück“ ab. Manche Fabrik hatte Glück und konnte ihr „liebstes Kind“ sogar verkaufen. Manches Werk hatte ganz großes Glück und konnte aus einer Eigen-Entwicklung sogar eine vielgefragte Typen-Reihe an den Mann bringen.

Wenig erfolgreiche „Risiko-Konstruktionen“ waren die sowjetische 2′G 2′, Reihe AA (Lugansk 1934), und die deutschen Baureihen H 02 und 04. Beim Bau von Diesel- und Elektrolokomotiven war es nicht anders. Manche dieser Fahrzeuge der „neuen Generation“ waren beinahe totgeborene Kinder (Zweifrequenz-Versuchslok E 471.001 der Italienischen Staatsbahnen, deutsche und italienische Diesellokomotiven mit direktem Antrieb). Mitunter entschlossen sich Bahnverwaltungen zur Bestellung von Prototyp-Ausführungen, um betriebliche Erfahrungen zu sammeln und dann Serienbauarten entwickeln und bauen zu lassen. Auch dabei gab es Unglücksraben, die dann als nicht weiter beachtete Prototyplokomotiven und Einzelgängerinnen dahinvegetierten. Wer denkt da nicht an den mächtigen Henschel-Riesen V 320 001, an die Krauss-Maffeische V 300 001, an die italienische D 461 und D 442 oder an die Bundesbahn-Voraus-Lokomotiven E 10 001 bis E 10 005? Natürlich haben die zuletzt genannten elektrischen Lokomotiven wesentlich zur Gestaltung unserer heutigen elektrischen Einheitstypen beigetragen, aber im Aussehen, in Antrieb und Steuerung haben Prototyp- und Serienbauarten nur einiges gemeinsam.

Die erste Henschel-Patent-Kondensationslokomotive, die von der Argentinischen Staatsbahn bestellt und deshalb mit „Sistema Argentino“ aus der Taufe gehoben wurde, gelangte schon vor rund 40 Jahren, am 15. August 1931, in

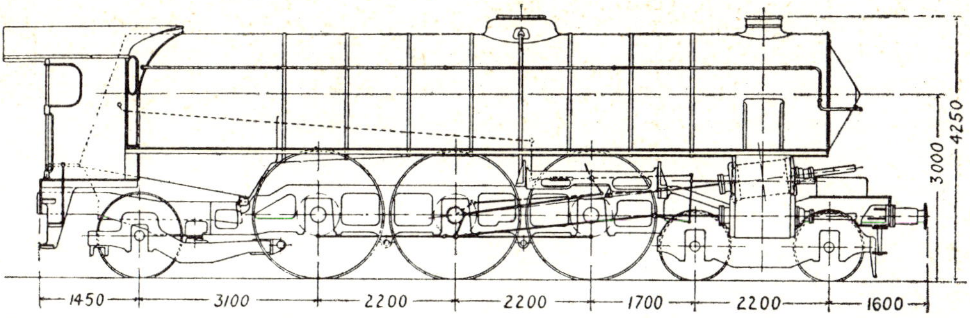

Vom Konstruktionsbüro entwickelt und doch nicht gebaut: Dreizylinder-Schnellzuglok, Reihe 695 der Italienischen Staatsbahnen, 1929/1930 entworfen, wurde ein Opfer der schnellen Elektrifizierung. (Archivbild)

Hamburg zur Verschiffung, um am 28. September des gleichen Jahres in Santa Fé als einzige ihrer Art auf argentinischen Boden gestellt zu werden. Es handelte sich auch um einen Prototyp, der dann von der argentinischen Versuchskommission unter seiner dortigen Betriebsnummer 7034 mehrmonatige Probefahrten über sich ergehen lassen mußte. Die in Argentinien sehr häufigen Heuschrecken- und sonstigen Insektenschwärme, der Staub und die in unübersehbaren Mengen heranwirbelnden Pflanzensamen und selbstverständlich die große Überraschung in Form von feinster Vulkan-Asche genügten, um alles, besonders den stark ansaugenden Kondensationstender mit einer grauweißen, häßlichen „Isolierschicht" zu überziehen. Doch die Lok hielt durch und konnte den Vertragsbedingungen entsprechen. Henschel profitierte zwar nur recht wenig vom Erfolg dieser Lokomotiven, weil die Kondensation nicht in überdurchschnittlicher Weise gefragt war. Für die Bahnen der Sowjet-Union, für die Südafrikanischen Staatsbahnen und schließlich für die Kriegslokomotiven der Deutschen Reichsbahn kamen erfreuliche Aufträge zustande, die für das Kasseler Unternehmen immerhin interessante technische Entwicklungsarbeit bedeuteten. Ebenso wie die Borsig-Lokomotivwerke beschäftigte sich Henschel auch mit Prototyp-Entwicklungen für Schnellverkehrs-Dampflokomotiven, darunter 2'C 2'-Vierzylinder-Verbund- und 2'B 1'-Zwillings-Stromlinienlokomotiven mit Innenzylindern.

Mit der Lieferung von drei kombinierten Zahnrad- und Adhäsions-Elektrolokomotiven wurden gemeinsam die AG Brown, Boveri & Cie. und die Schweizerische Lokomotiv- und Maschinenfabrik Winterthur auf Grund eines mit der Transandino-Bahn im März 1925 geschlossenen Vertrages betraut. Drei Lokomotiven sind nicht viel, aber man mußte eben erst mit solchen neuartigen 3000-Volt-Gleichstrom-Lokomotiven für Drei-Lamellen-Abt-Zahnstange Erkenntnisse sammeln. Schließlich hatte man ja seither bewährte Dampf-Zahnradlokomotiven im Dienst. Auch hierbei handelte es sich für die Lokomotivfabriken um ein verlockendes und anreizendes, aber um kein lukratives Geschäft. Und so lesen wir es auch in einer Druckschrift von BBC: „Der Bau dieser Lokomotiven bot, da sie für den Betrieb auf Adhäsion und Zahnstange naturgemäß ziemlich verwickelt ausfallen mußten, ferner da sie für 3000 V Gleichstrom zu bauen waren und nicht zuletzt, da es sich hier um eine Übersee-Lieferung handelte, die in den Werkstätten des Lieferanten nur in beschränktem Maße ausprobiert werden konnte, eine *interessante Aufgabe . . .*"

Nun konstruiert mal schön

Die „Leit"-Zeichnung — Modelle und Gesetze — Stahl und Eisen genügen nicht

Ein willkommener Auftrag ist im Hause! Der Konstruktions-Chef gibt grünes Licht. Bleistifte werden gespitzt, das Reißzeug und der Rechenschieber liegen parat. Der beauftragte Konstruktionsgruppenführer bespricht mit der Projektabteilung das vorausgegangene Angebot, den Auftrag und die Lieferspezifikationen. Er beginnt, nach Klärung offener Fragen oder Interpretation fremdsprachiger Bauvorschriften, die bestellte Lokomotivtype — in der Regel im Maßstab 1 : 10 — im Längsschnitt, Grundriß und in verschiedenen Querschnitten am Reißbrett zu zeichnen. Jene „Leit"-Zeichnung gibt die Marschrichtung für alle beteiligten Konstrukteure an. Es werden die wichtigsten Baugruppen der Lokomotive herausgegriffen und durchkonstruiert: Kessel, Rahmen, Lauf- und Triebwerk, Radsätze, Federung und Ausgleich, Steuerung, Führerhaus und Tender bei Dampflokomotiven. Bei einer Diesellokomotive wären das im wesentlichen Rahmen, Laufwerk, Aufbauten, Antriebsdisposition und Kraftstoffbehälter. Schließlich stellt eine Elektrolokomotivkonstruktion ganz ähnliche Forderungen, beispielsweise mit Treibdrehgestellen, Motoren, Getrieben und Aufhängung, Transformator, Steuerungsanordnung, Verkabelung und Kasten-Aufbauten.

Dieselmotoren, Kühlanlagen und elektrische Ausrüstungen kommen meist nicht aus den Werkstätten der Lokomotivfabriken. Dafür gibt es leistungsfähige Spezial-Unternehmen als Zulieferer, mit denen der Lokomotivkonstrukteur eng zusammenarbeiten muß. Seine Pflicht ist es, Leistungsdaten und Anschlußmaße abzustimmen, damit auch wirklich die „Gesamtrechnung" aufgeht.

Im Lokomotiv-Konstruktionsbüro gilt es als eine heilige Regel, zuerst die Zeichnungen derjenigen wichtigen Bauteile zu vollenden, für die solche Werkstoffe erforderlich sind, bei denen nicht nur lange Lieferfristen an der Tagesordnung sind, sondern bei denen auch relativ große Durchlaufzeiten in der Produktion zu erwarten sind. Walzstähle, Schmiedeblöcke, Stahlguß, Zylinder, Radsätze und Rahmenbleche sind einige Beispiele.

In vielen Lokomotivfabriken ist der Gruppenkonstrukteur auch verantwortlich für die Einhaltung des Terminplanes und die rechtzeitige Herausgabe der Bestell-Unterlagen an die zuständige Einkaufsabteilung seines Hauses. Das ist keine Kleinigkeit. Er muß nämlich dabei darauf achten, daß die Bestellungen auch die notwendigen Spezifikationen, Lieferbedingungen und Abnahmevorschriften enthalten. Auch die zugehörigen Abmessungen für Rohmaterial haben es in sich. Zu wenig Bearbeitungszugabe führt zu Ausschuß. Zu große Abmessungen erfor-

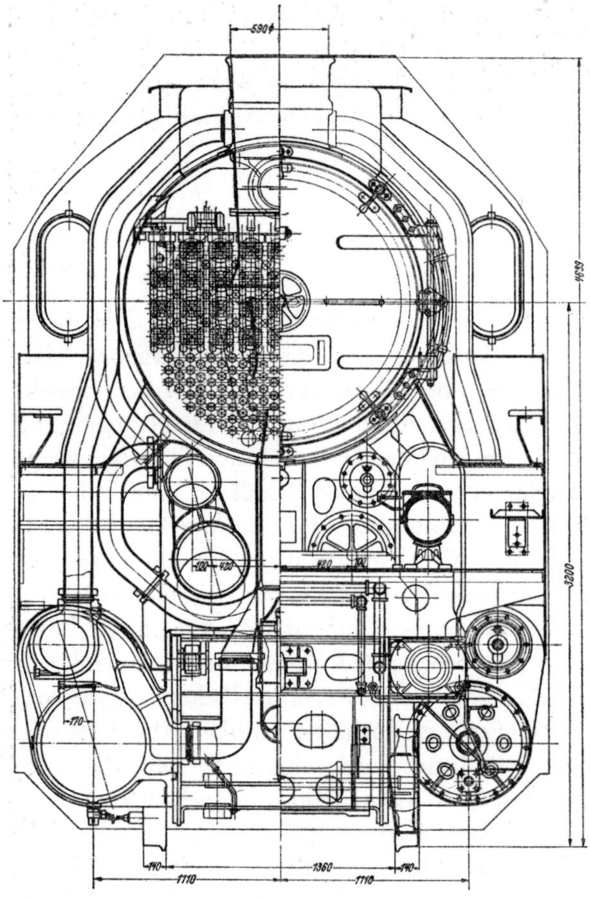

Peinlich genaue Reißbrettarbeit erfordert eine solche Schnittzeichnung wie hier für die österreichische 1'F 1'-Zahnradlokomotive der damaligen Baureihe 97^4. (Zeichnung: WLF)

dern mehr Gewicht, einen höheren Preis und zeitraubende Fertigbearbeitung im Betrieb. Wird einmal in der Turbulenz der Ereignisse ein Lieferant versehentlich nicht schriftlich „festgenagelt", gibt's Schwierigkeiten oder Meinungsstreit bei der Übernahme oder bei möglichen späteren Garantieansprüchen. Das ist noch nicht alles! Der Terminplan regiert mit. Werden Werkstoffe und Maschinenteile zu früh geliefert, entstehen Zinsverluste und Lagerhaltungskosten. Werden die Materialien aber zu spät terminiert, gibt's Ärger mit Ablieferverzögerungen beim Lok-Auftraggeber. Man könnte sagen, der goldene Mittelweg ist auch im Lokbau goldrichtig. Leider ist es nicht so einfach. Die Einleitung dieses Kapitels ist nämlich ein bißchen zu bieder ausgefallen. Denn manchmal kommt ein Auftrag wie ein Blitz aus düsterem Himmel. Man erwartet ihn zwar — aber erst einen Monat später! Nun ist er allem zum Trotz da. Die gesamte Konstruktionskapazität ist gerade mit anderen Aufgaben und Zeichnungen eingespannt. Wiederum bestimmen Termine den Rhythmus und den eigenen Pulsschlag. Der Abteilungsleiter bemüht sich, Konstrukteure freizubekommen. Man rauft sich die Haare und arbeitet — wohl oder übel — an zwei Aufträgen gleichzeitig! Das kostet eben Nerven, zehrt an den eigenen Reserven und das läßt leider manchmal die Konzentrationsfähigkeit erlahmen. Herzinfarkte hat es auch unter Lokomotiv-Ingenieuren gegeben!

Handelt es sich um größere Staatsbahn-Serienlokomotiven, um neu bestellte Spezialtriebfahrzeuge oder um erfolgversprechende Prototypbauarten, dann erhöht sich der konstruktive Aufwand beträchtlich. Vielfach werden zunächst diskussionsreife Modelle gewünscht, um beispielsweise eine günstige aerodynamische Form zu finden oder um eingeschalteten Formgestaltern gerecht zu werden. Die ersten Modelle und Projektzeichnungen der deutschen Groß-Diesellokomotive V 320 oder der seinerzeit geplanten TEE-Schnellfahrlokomotiven sahen in ihren ersten Modellen ganz anders aus als in ihrem heutigen Erscheinungsbild der Reihen 232, 103 und 112. Vielfältige Argumentationen haben im Modellstadium zu Modifikationen geführt. Von großer Wichtigkeit sind übrigens auch Führerstandsmodelle im Maßstab 1 : 1. Die richtige Lage der Bedienungs-Elemente in Griffweite kann an einem naturgetreuen Holzmodell am besten studiert werden.

Das Lokomotiv-Konstruktionsbüro muß praxisnah arbeiten. Dennoch können natürlich Pannen nicht verschwiegen werden. Um fehlerhafte „Erzeugnisse“ schon auf dem Papier in die Schranken zu verweisen, wird das Zusammenpassen aller gezeichneten Teile durch einen gewissenhaften Konstrukteur — manchmal ist das der geplagte Gruppenführer selbst — in einer endgültigen Zusammenstellungszeichnung mit dem Maßstab 1 : 10 kontrolliert. Manches Malheur, ungenügende Raumfreiheit, ein falsches Stichmaß oder ein Zusammenstoßen zweier Teile, ist auf diese Weise gottlob noch vor der Fertigung entdeckt worden. Was dennoch durchschlüpft, wird erst in der Arbeitsvorbereitung, oft jedoch viel später in der Werkstatt beim Zusammenbau entdeckt. Und das kostet dann Umbau-Geld, Terminverzögerungen und — wenn es der Teufel will — sogar Konventionalstrafe!

Die Fahrzeugkonstruktion wird komplizierter, die Produktion läuft im Blickpunkt der größtmöglichen Rationalisierung. Die Zeichnungssätze müssen noch mehr zergliedert werden. Für eine große Schlepptenderlokomotive der Reichsbahn-Einheitsbauart der Vorkriegszeit benötigte man „nur“ etwa 350 Zeichnungen. Der Zeichnungssatz einer vergleichbaren Bundesbahn-Neubau-Dampflokomotive der fünfziger Jahre umfaßte dann schon rund 2500 Werkstatt-Zeichnungen! Ist es da ein Wunder, wenn etwas durch die Maschen der Kontrollen schlüpft? Solche riesigen Zeichnungssätze archiviert man heute fast nur noch auf Mikrofilm.

Der erfahrene Konstrukteur bekommt allmählich ein breites Kreuz. Er hat viel zu tragen, wenn er eine ganze Menge Verantwortung aufgehalst bekommt. So muß er während der ganzen Auftragsbearbeitung die Konstruktionsgewichte rechnerisch feststellen lassen und überprüfen. Aus der Gesamtheit der Bauteil-Gewichte ermittelt er dann das Leergewicht der Lok, und daraus ergibt sich die richtige oder unrichtige Lastverteilung auf die Achsen. Hier müssen zunächst die Momentengleichungen für die Errechnung der Schwerpunktlage aufgestellt werden. Dann kommen die Lasten-Momente für die einzelnen Federgruppen und die Radsatz-Anteile dran. Höchste Sorgfalt ist am Platze. Jede auftraggebende Bahnverwaltung duldet kaum unliebsame Achsdruck-Überschreitungen. Die zugelassenen Toleranzen in der Größenordnung von ± 3% sind für die Techniker durchaus kein Honigschlecken. Mogeln gibt's nicht, denn die Achsdruckwaage würde es bei der Abnahme der Lok an den Tag bringen! Je nach Schärfe der Lieferbedingungen könnte ein Überschreiten der Gewichtstoleranzen die Verweigerung der Lokomotiv-Übernahme bedeuten!

Bei einem größeren Auftrag für die Irakische Staatsbahn haben wir — um ganz sicher zu gehen — fertige Bauteile mit Hilfe einer am Kran aufgehängten Wiege-Einrichtung gewogen und die tatsächlichen Gewichte mit der Rechnung verglichen. Beim Dampfkessel wurde sogar der Schwerpunkt durch Gleichgewichtslage am Kran hängend ermittelt. Das macht Mühe, gibt aber unbedingte Gewißheit.

Durch Vorschriften sind dem Konstrukteur ganz ordentliche Fesseln angelegt worden. Die früher beim Bau und Betrieb von Privat-Dampflokomotiven in Preußen zu beachtenden Gesetze, Ausführungsanweisungen, verwaltungs- und betriebstechnischen sowie personellen Vorschriften waren so vielfältig und kleinlich, daß es geradezu langweilig werden würde, wollte man sie hier in ihrer Gesamtheit zitieren. Doch auf einige „Kostproben", dieser im Jahre 1917 gültigen Paragraphen soll nicht verzichtet werden:

„Die festen Teile der Fahrzeuge dürfen bei Mittelstellung im geraden Gleis höchstens die in der Abbildung mit ausgezogenen Linien gezeichneten Umgrenzungen erreichen (§ 28.1 der Eisenbahn-Bau- und Betriebsordnung vom November 1904)", „Die Genehmigung zum Bau von Lokomotiven für Eisenbahnen und ihre Anschlüsse, die der Aufsicht des Königlichen Eisenbahnkommissars unterliegen, erfolgt durch diesen selbständig, ohne Mitwirkung der Königlichen Eisenbahn-Direktion oder des Regierungspräsidenten (vergleiche Eisenbahn-Verordnungsblatt 1900, Seite 30)".

Wir könnten Bände mit einschlägigen Gesetzes- und Vorschriftentexten füllen. Wenn es in § 31.1 der Bau- und Betriebsordnung beispielsweise ganz banal heißt „Die Räder müssen unverrückbar auf der Achse befestigt sein", dann zwingt uns das ein Lächeln ab, denn verrückbare Räder halten die Spur nicht und sind überhaupt kein Charakteristikum für Schienenfahrzeuge. Außerdem hatte wohl damals auch kein ernsthafter Konstrukteur — man schrieb das Jahr 1904 — gesteigerte Ambitionen für sogenannte Los-Räder oder Spurwechselradsätze im Dampflokomotiv- und Waggonbau.

Glauben Sie aber nicht, daß es heutzutage keine Vorschriften mehr gibt. Im Gegenteil! Eine Lokomotivfabrik, die in viele Länder der Welt exportiert, hat

Tafelseite 49:
Montage einer in den zwanziger Jahren von der Hanomag hergestellten Garratt-Lokomotive
(Foto: Hannomag/Sammlung Klaaßen)

Tafelseite 50:
Eine Kruppsche Südafrika-Lokomotive mit Barrenrahmen wird „auf die Achsen gefahren". (Foto: Krupp)

Unten: Erkennen Sie ihn wieder? Es ist ein Lokomotivtender 2'2'T 31 für Bundesbahnlokomotiven der Baureihe 23 auf dem Bohrwerk. Im Vordergrund stehen die vorgesehenen Drehzapfen für die Drehgestelle.
(Foto: Esslingen)

Tafelseite 51: Im September 1952 lieferte Krupp die erste von 100 Verschiebe-Dampflokomotiven für die Südafrikanische Staatsbahn (SAR). Die Kapspur-Dh2-Lokomotiven bekamen sechsachsige Tender. Unser Bild zeigt „Afrika-Saison" in der Kruppschen Lokomotivmontage in Essen. (Foto: Krupp)

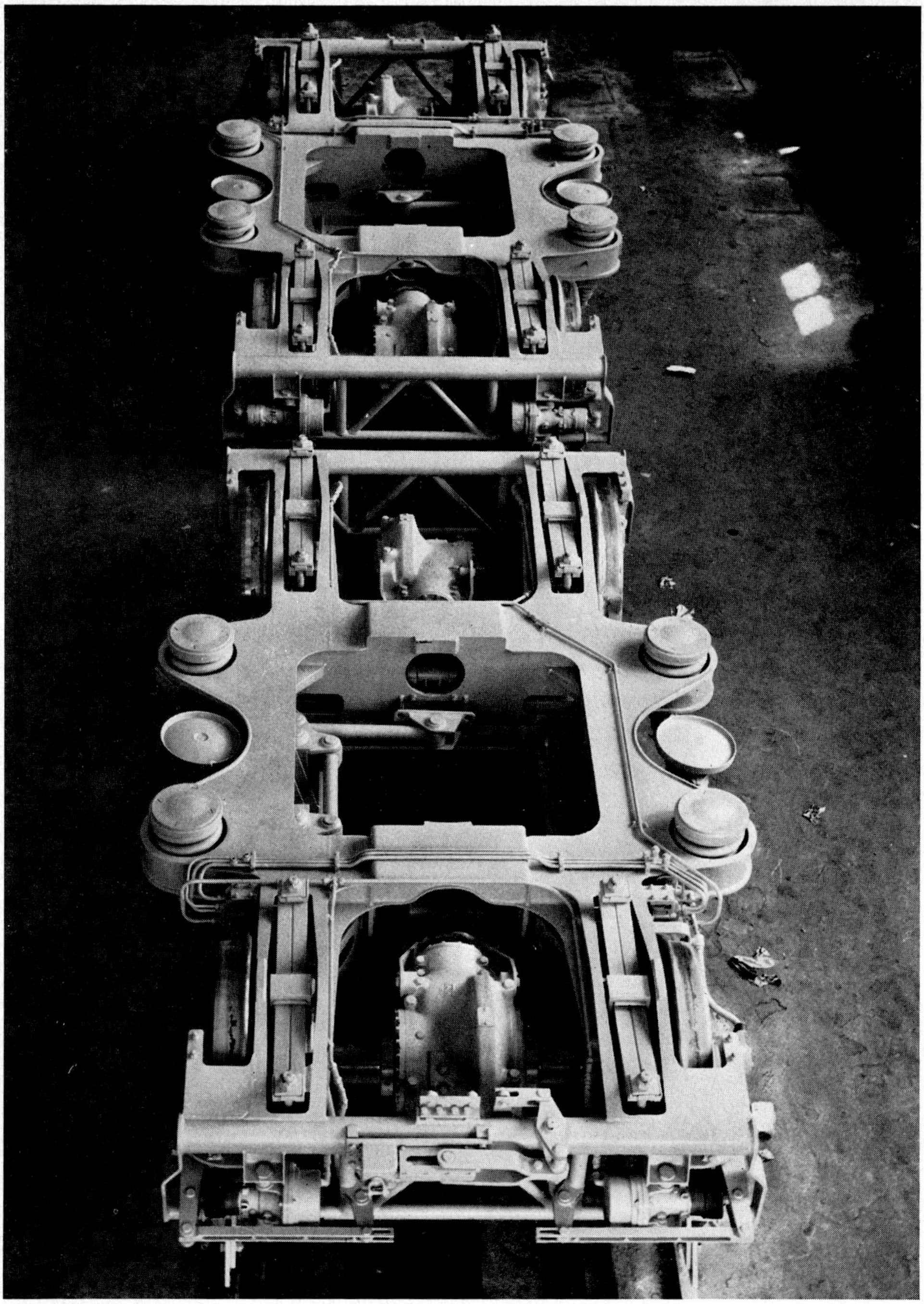

Tafelseite 52: So sehen die drehzapfenlos angelenkten, zweiachsigen Triebdrehgestelle mit Scheibenbremsen für die TALGO-III-Lokomotiven aus der Vogelperspektive aus.
(Foto: Krauss-Maffei)

wohl mindestens einen ganzen Hochschrank voll davon. Die Eisenbahn-Bau- und Betriebsordnung (BO) gilt in neuerer Fassung in Deutschland noch immer. Die Technischen Vereinbarungen über den Bau und Betrieb der Haupt- und Nebenbahnen (TV), die Vorschriften und Empfehlungen des Internationalen Eisenbahnverbandes (UIC-Kodex), darunter UIC-Kodex 800-00 V „Anwendung der internationalen Maßeinheiten innerhalb der UIC“, gehören zum Repertoire eines jeden Lokomotivbauers. Die Deutsche Bundesbahn läßt nach besonderen Richtlinien bauen und liefern. Wir nennen nur die Verdingungsordnung für Leistungen (VOL), die Toleranzvorschriften für Dampflokomotiven sowie die Lieferungs- und Fertigungsbedingungen.

Genauso wie Vorschriften im Laufe der Zeit den Bedürfnissen neu angepaßt werden, so ändert sich auch der Stand der Technik. Die Ingenieure im Studien- und Konstruktionsbüro können auf eine Fachbibliothek mit bekanntesten Standard-Werken älterer und neuer Zeit zurückgreifen: „Die Dampflokomotive“ (Meineke-Röhrs), „Grundzüge der Führung der Schienenfahrzeuge“ (Heumann), „Das Entwerfen von Dampflokomotiven“ (Eckhardt), „Elektrische Triebfahrzeuge“ (Sachs) und andere. Doch das genügt nicht. Die Lokomotiv-Taschenbücher von Henschel, von Krupp, „Locomotive Engineers' Pocket Book“, zahlreiche Tabellenwerke und auch Dr. Ewalds „20 000 Schriftquellen zur Eisenbahnkunde“ sind oder waren wertvolle Helfer von Zeichnern und Konstrukteuren. Die regelmäßige Lektüre der Eisenbahnliteratur, „Eisenbahntechnische Rundschau“, „Glasers Annalen“, „Railway Gazette“, die frühere „Diesel Railway Traction“, „Elektrische Bahnen“, und der Besuch von Fachveranstaltungen müssen das Gehirn immer wieder von neuem „speichern“ und von überholtem Ballast befreien. Heute geht es meist nicht mehr mit gewissen Routine-Konstruktionen und beinahe „genormten“ Festigkeitsrechnungen ab. Die verschiedenen Traktions- und Antriebsarten, die Forderungen nach Hochleistungsfahrzeugen haben sehr diffizile Gedankengänge in die Lokomotiv-Entwicklung getragen.

Stahl, Eisen und Rotguß genügen im gegenwärtigen Lokbau nicht mehr. Die verschiedenartigen Kunststoffe für Aufbauten, Drehzapfenlagerungen, Stoßdämpfer, Gelenke oder Verkleidungen, legierte Leichtmetalle für Kuppelstangen, tragende Kastenteile und elektrische Ausrüstungen beeinflussen ganz entscheidend das Entwurfskonzept. Man muß sich mit den Eigenschaften von jüngeren Baumaterialien befassen, man muß ihr Verhalten bei tropischer Hitze und sibirischer Kälte studieren. Es wird notwendig sein, sich dabei mit der Bruchfestigkeit unter differenzierten Beanspruchungen auseinanderzusetzen und eventuell auch neue Verwendungsmöglichkeiten zu finden.

Zahllose Probleme, mit denen sich eine frühere Ingenieur-Generation quälte, sind aus dem Gesichtskreis verschwunden, weil sich entweder die Aufgabenstellung gründlich wandelte oder weil alte Probleme längst gelöst und aus der Welt geschafft wurden. Neue Ideen treten auf den Plan. Ein Ende der Entwicklung ist nicht abzusehen. Trotzdem arbeitet man immer noch mit lange Zeit bewährten, austauschbaren, gemeinsamen Einheitsbauteilen. Das geschieht aus Rationalisie-

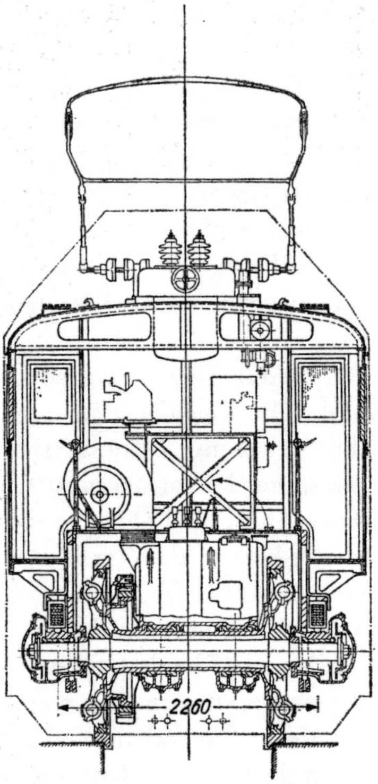

Querschnittzeichnung einer „WASSEG"-Lokomotive der Reichsbahnreihe E 17. Diese elektrischen Schnellzuglokomotiven stellen eine Gemeinschaftsleistung der Firmen AEG, Siemens und Borsig dar. (Zeichnung: AEG/Reichsbahn)

rungsgründen. Die DIN-Normenblattsammlungen, Firmenkataloge mit Standard-Teilen bedeutender Zulieferer wie Knorr-Bremse, Bosch, AEG, BBC oder Siemens stehen in den Büro-Regalen griffbereit. Sie werden schon im Planungsstadium der Lok zu Rate gezogen. Das gehört zur rationellen Arbeitsweise, und es ist einer der ersten Schritte auf dem Weg zur optimalen Preiskalkulation. Eine moderne elektrische Lokomotive enthält etwa 10 000 Meter Leitungen und 2600 elektrische Anschlüsse. So ein Sammelsurium will konstruktiv beherrscht sein, und die Ansprüche der Besteller wachsen mit den Möglichkeiten.

Und Möglichkeiten gibt's immer mehr: Schon Ende 1967 wurde die erste einmotorige 4000-PS-Diesellok der Welt fertiggestellt und am 28. Januar 1968 offiziell im Werk der Brush Electrical Engineering Co. Ltd den British Railways übergeben. Sie hatte unter dem Namen „Kestrel" Berühmtheit erlangt, war mit einem Sulzer-Dieselmotor, einem Wechselstromgenerator und Gleichstromfahrmotoren ausgerüstet. Heute gibt es bereits Lokomotiv-Supermotoren, die 5000 PS leisten und von der Société Alsacienne gebaut werden!

Na, dann „konstruiert mal schön!" Das ist zwar lässig ausgesprochen, aber verdammt schwer getan. Lesen Sie mal, was darüber im nächsten Kapitel steht . . .

Was Lok-Konstrukteure wissen müssen

Der Entwicklungsaufwand wächst — Bremsen will gelernt sein — Themen vom Reißbrett — „Blindkräfte“ und Schwingungen — Raddurchmesser machen Sorgen

Lokomotivbau von heute ist anders als der von vor 50 Jahren. Er wird in Zukunft mehr in einen Gesamtplan einzuordnen sein. Und solche Perspektiven beeinflussen auch die Konstruktionsarbeit. Eine Verwirklichung großräumiger Schienenverkehrs-Konzepte, die stark vom Prozeß der Automatisierung geprägt sind — damit werden wir es zu tun haben —, erfordert ein planvolles Zusammenspiel aller Beteiligten. Dazu sind genaue Kenntnisse des zugehörigen technischen Systems notwendig. Es genügt schon lange nicht mehr, nur die Technik der Einzelkomponenten zu beherrschen und danach ein Schienentriebfahrzeug zu bauen. Fahrzeug, Streckenbeschaffenheit, elektronische Steuerungen, Signal- und Sicherheitsanlagen bilden bereits jetzt eine konstruktionstechnische Einheit.

Der Forschungs- und Entwicklungsaufwand wächst sprunghaft. So wachsen auch viele Lokomotivfabriken, die längst nicht mehr vom Lokomotivbau allein leben, allmählich in Großunternehmen und Konzerne hinein.

Im Entwicklungsbüro müssen Einzelfunktionen genau aufeinander abgestimmt sein. Ingenieur-Teams planen und entwerfen, Detail-Spezialisten konstruieren im Rahmen eines Gesamt-Projekts.

„Reisegeschwindigkeit über 500 km/h — kein Traum, sondern ein konkretes Projekt. Kein Flugzeug, sondern ein trassengebundenes, unkonventionelles Schnellverkehrssystem . . . Der Bund fördert unsere Arbeit, zu der wir nun fähigste Mitarbeiter nach München holen. Wir suchen Physiker, Mathematiker, Diplom-Ingenieure . . .“ Mit diesen Argumenten sucht zum Beispiel Krauss-Maffei über eine Anzeige in den VDI-Nachrichten (Ausgabe vom 12. August 1970) neue Mitarbeiter, die an den gestellten Aufgaben in theoretischer Entwicklung und experimenteller Forschung arbeiten wollen.

Die Konstruktionstechnik befindet sich auf neuen Wegen. Der Computer hält Einzug ins Konstruktionsbüro. Der Ingenieur kann nämlich im Dialog mit dem Elektronenrechner konstruieren. Er ist zum Beispiel in der Lage, Bauteil-Querschnitte exakt zu ermitteln und auf der Bildschirmdarstellung die Umrisse mit seinem Entwurf zu vergleichen. Bei Abweichungen ist es möglich, mit dem Lichtstift und der Eingabe-Tastatur eine Korrektur durchzuführen. Die veränderte neue Geometrie wird dann sofort wieder gezeichnet. Gleichzeitig werden die Zahlenwerte dargestellt: Lage der Hauptträgheitsachse, Fläche, Trägheitsmomente, Drillungswiderstand, Lage der Schwerpunkte und Widerstandsmomente.

Absolventen von Universitäten und Ingenieurschulen, aber auch mancher Autodidakt, sind am Werk. Es ist durchaus keine Übertreibung, wenn wir ab und zu „regelrechten" Wissenschaftlern begegnen, die Hervorragendes geleistet und mitunter wegweisende Grundlagen-Lokomotiv- und Schienenfahrzeugtechnik vermittelt haben. Zu den lokomotivtechnischen Wissenschaftsarbeiten gehören die Kinematik und Dynamik des Dampfmaschinentriebwerkes mit Steuerung. Analytische, graphische und rein rechnerische Verfahren zur Ermittlung von Trägheitskräften oder zur Aufstellung von Beschleunigungsplänen für die Steuerungsgelenke einer Dampflokomotive sowie Bestimmungen von gewissen Massenkraftwirkungen sind bei präziser Behandlung kaum ohne Umgehung der höheren Mathematik zu lösen.

Die Theorie der Führung der Schienenfahrzeuge mit ihren Teilproblemen der Geometrie der Berührung von Rädern und Schienen, der Bestimmung der Richtkräfte oder dem Kräftespiel im Radsatz hat in den letzten Jahrzehnten die Fachkreise sehr beschäftigt. Sowohl in den Hochschulen als auch in der Industrie sitzen die „Eierköpfe", die Brain-Trusts und lassen sich Neues einfallen. Geistesblitze kommen nur selten aus heiterem Himmel.

Der Laie bestaunt eine prächtige und windschnittige Diesellokomotive, die einen flotten D-Zug hinter sich hat. Der Fachmann sieht das „fahrende Schauspiel" anders. Er denkt vielleicht an die Zugkraftcharakteristik der Lok, deren Ermittlung Kopfschmerzen bereitete. Er entsinnt sich der zahlreichen zu erfüllenden Bedingungen beim Entwurf: Bestimmte Achslasten waren einzuhalten, womit auch das nutzbare Reibungsgewicht seinen Maßstab erhielt, dann gab es zugelassene Beanspruchungen für die Zugvorrichtungen mit höchstens 30 t und für die Zughaken mit maximal 38 t. Natürlich hatte man dabei Reserven bis zur Bruchlast von 85 bis 100 t, aber die durfte man im Zweifelsfalle nicht nutzen. Hinzu gesellten sich noch viele „Wenn" und „Aber" und „Limits". Die Wahl der Getriebe, ihrer Übersetzung und Umschaltpunkte, der Problemkreis der Steuerungsart oder die thermische Belastbarkeit der Kühlanlage sind ein paar der technischen Eigenheiten eines solchen Schienentriebfahrzeuges.

Nun, Ingenieure gehen nicht so schnell auf die Barrikaden. Doch Meinungsverschiedenheiten und harte Diskussionen sind Bestandteile ihres Metiers. Und es gibt noch viel zu tun. Greifen wir einmal das Bremsenproblem heraus, welches gerade durch den Schnellstverkehr in jüngster Zeit wieder in den Blickpunkt des Interesses gerückt worden ist:

Die Art und die Funktion der „Brems-Reibmittel", nämlich Klotz und Rad, machen sich im höheren Geschwindigkeitsbereich recht unangenehm bemerkbar. Eine große Streubreite der Klotzbremsen-Reibwerte begünstigt die Flachstellenbildung an den Laufflächen der Radreifen. Der Reibwert ist überdies relativ klein. Er steigt erst mit sinkender Geschwindigkeit an und ist außerdem von der spezifischen Flächenpressung abhängig. Die Temperaturen der Klotz-Reibflächen werden übrigens von gleichen Faktoren beeinflußt. Eine Reibfläche mit Glühtemperatur — das kommt leider vor — ist nicht griffig. Sie „schmiert". Also: die

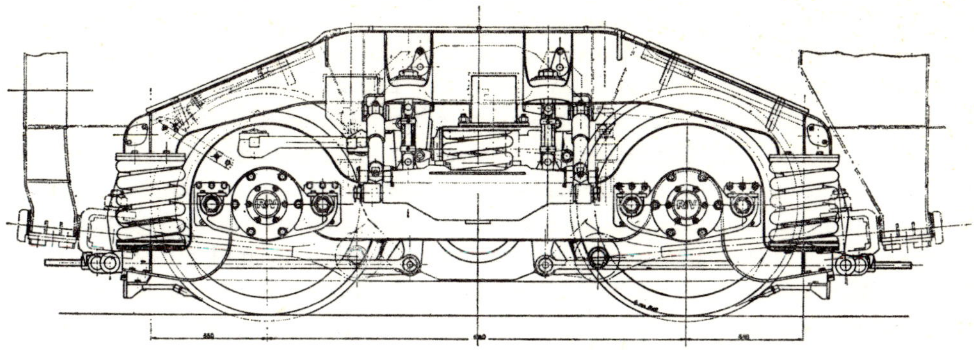

Aufriß des Monomotor-Drehgestelles für die diesel-elektrischen Lokomotiven D 343 und D 443 der Italienischen Staatsbahnen (Zeichnung: FS)

Klotzbremse ist eigentlich eine sehr schlechte Bremse. Trommelbremsen mit Kunststoffbelägen, Scheibenbremsen mit Reib-Belägen aus organischen Stoffen, elektrische Widerstandsbremsen, hydraulische Wandlerbremsen und Magnetschienenbremsen gehören zu den vielen Ausweg-Ideen der Konstrukteure.

Bei der Scheibenbremse wird kinetische Energie durch Reibung zwischen Bremsbelag und Scheibe in Wärme umgesetzt und durch Strahlung, Eigenbelüftung und Fahrtwind wieder abgeführt. Beim Bremsklotz geht dagegen der größere Teil der Wärmemenge in den Radreifen über. Und das kann gefährliche Folgen haben. So läßt bereits das begrenzte Schrumpfsitz-Übermaß zwischen 1,25 und 2‰ des Durchmessers leicht erkennen, daß es nur eine Frage von Bremsleistung und Bremsdauer sein kann, wann sich der Radreifen von der Felge des Radsternes oder der Radscheibe löst. Ein sogenanntes Monoblock-Rad ohne Radreifen vermag dieses Problem keineswegs zu meistern. Hierbei gab es nämlich schon wiederholt Wärmerisse. Die Lauffläche wird ja in dauerndem Wechselspiel

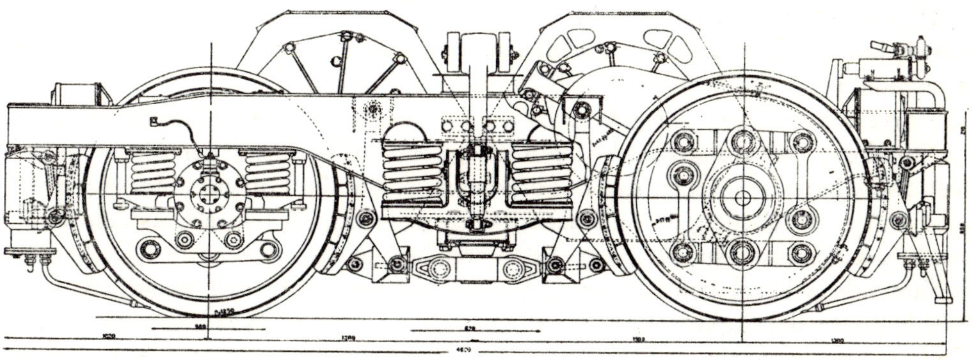

So sieht die Anordnungszeichnung vom Drehgestell, Typ Z A 1250, der FS-Schnellfahrlok E 444 aus. (Zeichnung: FS)

erhitzt, bei Berühren der Schienenlauffläche abgeschreckt, dann am Klotz wieder erhitzt und so weiter. Wir haben noch nicht sämtliche Nachteile der Klotzbremse erwähnt. Sprechen wir also noch kurz von der Lebensdauer der auswechselbaren Bremsklotz-Sohlen. Bei der nordamerikanischen „Union Pacific" waren es im Durchschnitt nur 7400 Kilometer. Das entspricht einer Fahrtstrecke von Chicago zur Westküste und zurück. Scheibenbremsen bewährten sich in mancher Hinsicht besser. Doch ein, wenn auch recht banales Problem hat man doch. Die Scheibenbremse ist bei vielen Bahnverwaltungen nicht zugelassen, und außerdem gibt's bei der Bremsprobe auf den Bahnhöfen Ärger. Während das Anlegen und Lösen der Bremsklötze ohne weiteres gesehen oder mit einem Hammerschlag geprüft werden kann, sind die Bremsbacken von Achswellen-Scheibenbremsen meist von außen gar nicht sicht-, geschweige kontrollierbar. Was blieb dem armen Konstrukteur anders übrig, als dafür eine zuverlässige Anzeigevorrichtung zu entwickeln?

Nicht alles, was Konstrukteure und Planer errechnen oder zeichnen, wird so ohne weiteres hingenommen. Man kann ja auch gar nicht alles auf dem Papier exakt ermitteln und untersuchen. Deshalb geht's in die Werkstatt zu Festigkeitsversuchen. Lokomotiv-Rahmen mit Kastenaufbauten werden senkrechten Belastungen, Pufferdruck-, Verwindungs- und Anhebe-Experimenten unterzogen. Die senkrechten Lasten sollen wirklichkeitsecht die Gewichte der Antriebsaggregate simulieren. Dann kommen meist noch 30% Stoßzuschlag drauf. An kritischen Stellen der Seitenwände treten dann immerhin schon Spannungen in der Größenordnung von 1000 kp/cm² auf. Ein Pufferdruck-Versuch wird oft bis auf 200 000 kp gesteigert. Plastische — das sind bleibende — Verformungen sind dabei höchst unerwünscht. Elastische Verkürzungen mit einigen Millimetern und Durchbiegungen von ungefähr 3 bis 4 mm sind jedoch keine Seltenheit.

Wie steht es mit den Drehgestellen? Sie bewegen sich durchaus nicht immer in konventionellen Drehzapfenlagerungen. Wenn es die bahn- oder firmeneigenen Konstrukteure aus raum- oder führungstechnischen Gründen für richtig halten, kommen Lenkerführungen wie bei der DB-Diesellok 220/221 oder auch Stahlseil-Tiefanlenkungen mit Zapfengelenken wie bei der italienischen E 444 in Frage. Querbeschleunigungen im Gleis, Wankfrequenzen und Nickfrequenzen, Ausschwenkkräfte und Anlaufkräfte im Gleisbogen sind einige der wichtigsten Aufgabenstellungen für Ingenieure und Versuchspraktiker.

Harte Nüsse geben übrigens auch die Geräuscherreger bei Diesellokomotiven zu knacken: Das Rollgeräusch der Räder, der Getriebelärm, der Motorenkrach mit dominierendem Anteil der Zündfrequenz sowie die Hilfsmaschinengeräusche sind einige Störquellen, deren Schallschwingungen sich im Führerhaus zum Fahrzeug-Innengeräusch summieren! Die „Erregung" eines Lokomotiv-Dieselmotors breitet sich in Form von Körperschall über Auflagerungen und Wandflächen sowie in Form des Luftschalls in der umgebenden Luft aus. Was gegen diese nachteiligen Erscheinungen im Diesellokomotivbau von den Konstrukteuren zu tun ist, läßt sich nicht auf ein paar Druckseiten beschreiben. Das ist ein zu umfangreiches Fachgebiet mit Theorie und Praxis der Luftschallschluckung, der Schalldämmung und Entdröhnung. Mit Hilfe von Isolierstoffen und vielen anderen technischen Maßnahmen strebt man Lautstärkewerte von möglichst nicht über 80 DIN-phon an. Als die fünf Vorauslokomotiven und die 81 Einheiten der V 200^0-Serie entwickelt und gebaut wurden, konnten noch keine entsprechenden Bau-Richtlinien mit der Forderung eines Geräuschpegel-Limits gestellt werden. Während damals diese spezielle Technik noch jung war und es an wirksamen Baustoffen fehlte, konnten dann mit fortschreitender Diesellokomotiv-Entwicklung schon bei den V 200^1-Lokomotiven (heutige DB-Baureihe 221) Geräuschpegel-Vorschriften gemacht werden. Es wurden bei Stillstand der Lok in Führerhausmitte 75 DIN-phon (Motorleerlauf) und unter Vollast 85 DIN-phon in Führerhausmitte bei geschlossenen Fenstern als Maximum zugelassen. Solche Lautstärkebegrenzungen einzuhalten, war kein Kinderspiel. Immerhin befanden sich hinter dem Führerstand, nur durch eine Wand getrennt, Motorengeräusche von gut 117 phon mit einer „Schallwolke“ des Auspuffs und Getriebegeräusche unter dem Fußboden von ungefähr 110 bis 112 phon!

Um das Maß des vielleicht nachdenklich gewordenen Lesers voll zu machen, wollen wir noch ein paar andere „Themen vom Reißbrett“ streifen. Denken wir noch einmal an das schon zitierte Reibungsgewicht einer Lokomotive. Man versteht ja darunter die Summe der auf die Schienen drückenden Lasten unter allen angetriebenen Radsätzen. Nun wird's aber gleich problematisch. Der Achsdruck einer stehenden Lok ist nicht derselbe wie bei einer fahrenden, selbst wenn es sich um das gleiche Fahrzeug handelt. Die Fachleute sprechen von statischen Achslaständerungen durch das Zughakenmoment und von überlagernden dynamischen Achslaständerungen beim Befahren von Gleisunebenheiten, Weichenstraßen oder Schienenstößen.

Die aus den „inneren Kräften“ einer elektrischen Lokomotive, nämlich aus Antriebsmomenten und Getriebezahndruck, herrührenden Achs-Entlastungen lassen sich recht gut errechnen. Aber die dynamischen Raddruck-Änderungen ermittelt man lieber im Versuch. Warum das alles so furchtbar wichtig ist? Nun, viele werden wissen, daß ein entlastetes Treibrad beim Anfahren zum „Durchrutschen“, also zum Schleudern neigt. Und gerade das kann man eben weder beim Fahren noch beim Bremsen gebrauchen! Die Konstrukteure sind also keine peniblen Pfennigfuchser, sondern Realisten. Sie müssen dem Reibungsgewicht den besten Ausnutzungsfaktor verpassen, sie sind verpflichtet, Achsdruck-Ausgleichvorrichtungen vorzusehen, und sie müssen Schleuderschutz-Einrichtungen „erfinden“. Wir sind hier also mitten in der Problematik des Antriebes, der natürlich auch bei Gelenkwellen-Diesellokomotiven seine Schattenseiten hat. Entscheidend für das Maß der Kardanwellen-Beanspruchung ist die physikalische Gesetzmäßigkeit, der die Reibung zwischen Rädern und Schiene gehorcht. Das klingt ein bißchen merkwürdig. Aber man muß sich dabei vergegenwärtigen, daß die Raddurchmesser der gekuppelten Räder wohl nie ganz exakt gleich sind, so daß von einem Radsatz zum anderen sogenannte „Blindmomente“ übertragen werden. Was dabei auf die Gelenkwelle überhaupt zukommt, konnte man anfangs nur

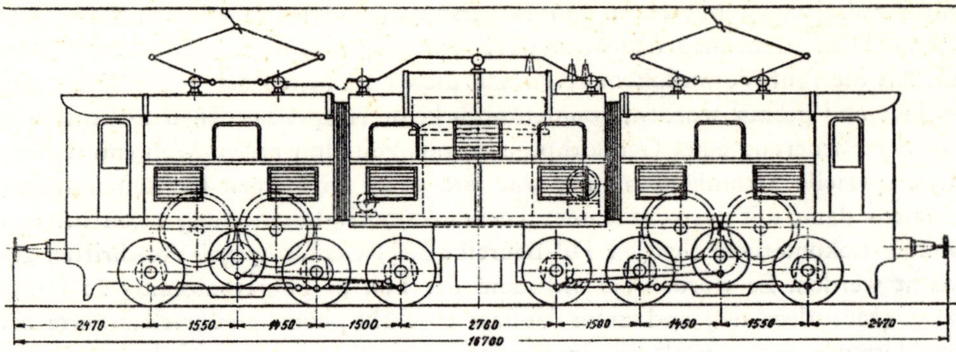

Typenbild einer sechsachsigen, von der AEG und Krauss gemeinsam entworfenen und gebauten elektrischen Güterzuglokomotive der Reichsbahn-Gattung E 91 (Baujahr 1925)

leise ahnen. Ein Kuppelstangentriebwerk — das ist ja eine recht einfache Form der Schleuderschutzeinrichtung — muß bei geringster Ungleichheit der Kuppelraddurchmesser auch „Blindkräfte" aufnehmen. Eine grazilere Kardanwelle mit relativ hohen Drehzahlen und verschiedenartigen Schwingungserscheinungen ließ zunächst Skepsis aufkommen. Viele Jahre nach dem Zweiten Weltkrieg war die Frage nach der Torsions- und Schwingungsbeanspruchung von Gelenkwellen ein „General-Thema" der Diesellokbauer.

Mit ungleichen Raddurchmessern quälte man sich schon vor Jahrzehnten im Elektrolokomotivbau herum. So hatten beispielsweise die Italienischen Staatsbahnen stangengekuppelte Drehstrom-Lokomotiven, die mitunter in Mehrfach-Traktion ihre Gebirgsstrecken bezwingen mußten. Die Leistungsaufnahme der verwendeten Asynchronmotoren ist nämlich vom Schlupf — also vom Verhältnis der tatsächlichen Drehzahl zur Synchron-Drehzahl — abhängig. Schon kleinere Änderungen des Schlupfes können Leistungsänderungen zur Folge haben. Die gemeinsam arbeitenden Lokomotiven mußten also möglichst gleiche Radreifendurchmesser haben, weil die Maschinen sonst zu unterschiedliche Leistungen aufnehmen und somit Überlastungen unvermeidlich wären. Die Konstrukteure schrieben zwar auf ihren Zeichnungen gleiche Raddurchmesser vor, die Werkstatt sorgte für die ordnungsgemäße, toleranzgebundene Herstellung, aber auf die spätere Radreifenabnutzung während des Betriebsdienstes hatte man keinerlei Einfluß. So halfen sich die Bahnbetriebswerke selbst und stellten nach gewisser Laufleistung die Raddurchmesser-Ist-Maße fest, schrieben sie an die Fahrzeugseitenwände, und so wußte das Einsatzpersonal, welche Lokomotiven in Doppel- oder Dreifach-Traktion zusammenpaßten!

Bei so robusten, in gewisser Weise von der Dampflokomotive abgeleiteten Stangen-Elektrolokomotiven kümmerte man sich noch nicht intensiv um Schwingungen und Fahrzeug-Eigenfrequenzen, obwohl man von Schüttelschwingungen bei Stangen-Triebfahrzeugen mit hochgelagerten Elektromotoren wußte und ob-

Tafelseite 61. Zusammenbau einer im Jahre 1925 von der Hanomag für die Consolidated Diamond Mines of South-West-Africa entwickelten Zweikraft-Lokomotive mit benzin-elektrischem und Fremdstrom-Antrieb. (Foto: Hanomag/Sammlung Klaaßen)

Kastenaufbau mit Unterrahmen einer in den zwanziger Jahren entwickelten Gleichstrom-Lokomotive. Baureihe E 626, für die italienschen Staatsbahnen (Foto: Messerschmidt)

Tafelseite 62. Eine V 200 der Deutschen Bundesbahn wird auf die Drehgestelle „gefahren".
(Foto: Krauss-Maffei)

Ein sogenanntes Sektorenbild der Turbo-Diesellok V 169 001 (219 001) mit Darstellung des Aufbaues und der Anordnung aller wichtigen Aggregate (Zeichnung: KHD)

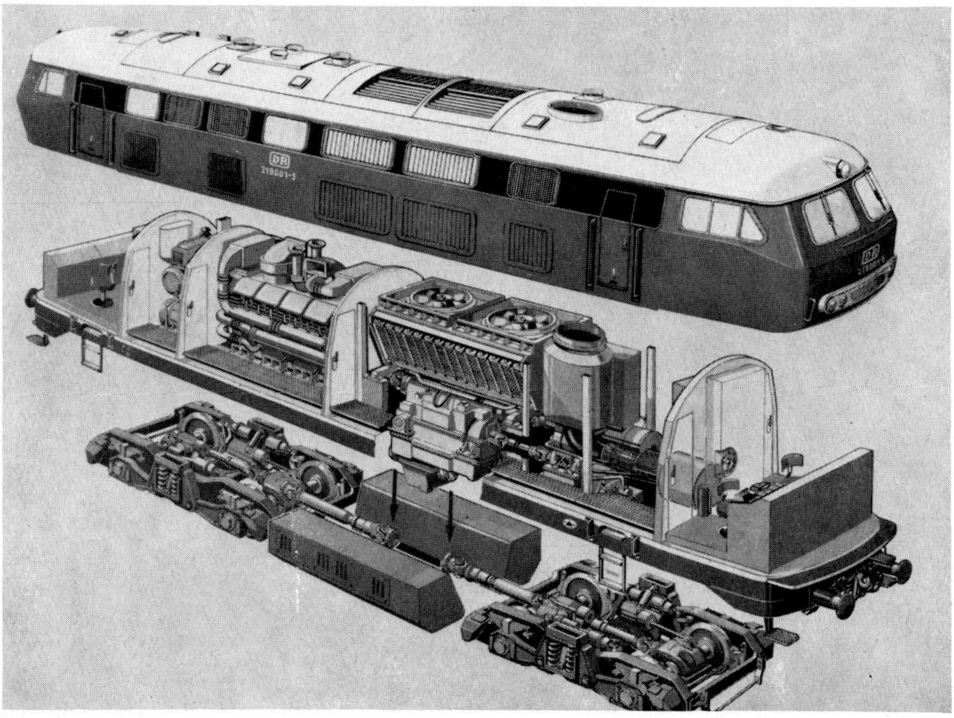

wohl mitunter auch Stangen- oder Zapfenbrüche vorkamen. Heute sind jene veralteten Konstruktionen fast vergessen, doch die Schwingungsprobleme sind keineswegs geringer geworden. Jetzt und in Zukunft schaltet man bei Fahrzeug-Schwingungsuntersuchungen mehr und mehr den Analog-Rechner ein. Differentialgleichungen, die das Verhalten eines Schwingungssystems beschreiben, werden durch Zusammenstellung einzelner Rechenglieder schaltungsgerecht nachgebildet. Die Analog-Rechenmaschine liefert dann als Ergebnis die dem Schwingungsverhalten — Schwingwege, Beschleunigungen — analogen elektrischen Spannungen, deren Verlauf aufgeschrieben oder auf dem Oszillographen sichtbar gemacht wird. Das klingt nun wieder einmal sehr kompliziert und unverständlich. Aber wir wollen ja auch nur andeuten und keine Lösungen einer Differentialgleichung erklären, sondern nur Probleme aufzeigen, mit denen der „Reißbrett-Mensch" und der Versuchsingenieur konfrontiert werden. Die Zielsetzung heißt auch in der Lokomotivtechnik, unbekannte Vorgänge zu erfassen und Wege zu konstruktiven Verbesserungen zu finden.

Für jede Traktionsart gibt es zweckmäßige Lösungsformen. Manche mußten in langjährigem Zusammenspiel und Erfahrungsaustausch zwischen Büro und Praxis erkämpft und erarbeitet werden. Bei den Dampflokomotiven hatte man Mühe, der Ölfeuerung zum Erfolg zu verhelfen, weil der manchmal recht hohe Schwefelgehalt unter weitgehender Abkühlung der Abgase Ablagerungen und Kesselschäden hervorrief. Das war übrigens auch ein Problem bei den Rauchgas-Vorwärmer-Kesseln von Franco und Crosti. Ablagerungen, verkrustetes Öl und Rückstände in den Brennern verlangten nach geeigneten Gegenmaßnahmen, denen man sich zwar mit guten Erfolgen widmete, aber mit dem langsamen „Siechtum" noch weniger lebender Dampflokomotiven immer geringere Bedeutung beimaß.

Von größerer Tragweite waren die ersten Schweißversuche im Lokomotiv- und Triebwagenbau. Viel Lehrgeld mußte gezahlt werden, um zu unseren heutigen Kenntnissen zu kommen. Spannungsrisse, Einbrandkerben, Wahl der geeigneten Werkstoffe und Elektroden gehörten zu den Fachthemen hitziger Diskussionen in den dreißiger Jahren und im ersten Jahrzehnt nach 1945. Jetzt ist die Schweißtechnik beherrschtes Allgemeingut der Lok-Konstruktionstechnik geworden, genauso wie die Wälzlagerungen.

Das alte Gleitlager mit seinen austauschbaren Lagerschalen hatte schon vor dem Ersten Weltkrieg im Schienenfahrzeugbau Konkurrenz bekommen. Man probte und versuchte bereits im Jahre 1914, als die Schwedischen Staatsbahnen ihre Zustimmung gaben, eine Schnellzug-Dampflokomotive der Reihe F mit wälzachsgelagerten Drehgestell-Radsätzen auszurüsten. Der Entschluß war kühn. Es handelte sich immerhin um ein Objekt mit 1900 PS für Fahrgeschwindigkeiten bis zu 127 km/h. Die Wälzlager sind im Lokomotivbau längst zur Selbstverständlichkeit geworden. Manches Problem ist geblieben, die meisten Fragen wurden aus der Welt geschafft. Die Beherrschung der Kraftwirkungen, der Korrosionserscheinungen in den Lagerlaufflächen infolge von Reib-Oxydation oder Stromdurchgang, betriebstechnisch günstige Ein- und Ausbauverfahren besonders bei innengelagerten Radsätzen sowie das Rollenlager-Verhalten bei Pendelbewegungen in Kreuzkopflagerungen charakterisieren ein wenig das einschlägige „Konstruktions-Klima".

Man stelle sich nicht vor, daß im Konstruktionsbüro absolute Stille herrscht und nur die Köpfe lautlos rauchen. Stecknadeln hört man ganz sicher nicht fallen. Wir haben jedenfalls früher heiß erörtert und diskutiert. Und der Wortwechsel zwischen den Verfechtern der Konstruktionstheorie, der Werkstattpraxis und der Kostenrechner glich selbst in den zahlreichen gemeinsamen Sitzungen einem nicht immer ganz sportlichen Wettkampf!

Immer mehr haben sich auch die Schwingungstechniker angeboten und beispielsweise ermittelt, daß die vom Gleis herrührenden schwingungserregenden Einflüsse in ihrer Frequenz geschwindigkeitsabhängig sind, daß die Eigenfrequenzen eines Drehgestell-Fahrzeugs andererseits konstant sind, und daß somit bei einer gewissen Geschwindigkeit Resonanz und höchste Laufunruhe eintreten können. Man muß dann prüfen, ob man „überkritisch" — also durch die Resonanzschwingungsmarke hindurch — oder einfach „unterkritisch" fahren soll. Die zugehörigen Grundsatzrechnungen können also dem Konstrukteur gewisse Regeln für die Dimensionierung verschiedener Einflußgrößen geben, die der Praxis dann kostspielige Umwege ersparen helfen.

Lokomotiven sollen immer und überall fahren, schnell oder langsam, ziehend oder schiebend. Ob bei arktischer Kälte auf den Erzbahnen des hohen Nordens, ob unter der sengenden Sonne Ägyptens, ob auf 4000 m hoch gelegenen Gebirgsbahnen Südamerikas oder ob im Sandsturm sudanesischer Wüstengebiete — Zuverlässigkeit von Konstruktion und Fertigung entscheiden über den Ruf einer Lokomotivfabrik!

In der Werkstatt gibt's Probleme

Werkstoff-Fragen — Was machen die Toleranzen? —
Röntgen und Ultraschall machen's möglich —
Weniger Gewicht durch Schweißen —
Rahmenvermessung und Zylinderfernrohr —
Messen und Prüfen überall

Die Auswahl der richtigen Werkstoffe und ihre Vorschriften-Fixierung im Hinblick auf Mindest- und Maximum-Forderungen gehören zu den ganz wichtigen Arbeitsgebieten des Eisenbahnfahrzeugbaues. Schließlich sind die großen Summen für viele Neubeschaffungen zu einem beachtlichen Teil auf Werkstoffkosten zurückzuführen, und außerdem hängt von der Auslese der geeigneten Baumaterialien die Betriebssicherheit entscheidend ab.

Das Verhalten von Stählen wird in zahllosen Einzelprüfungen immer wieder neu festgestellt. Analysenwerte, Zugfestigkeit, Streckgrenze, Kerbzähigkeit oder die Prüfung der Dauerfestigkeit mit mehreren Millionen Lastwechseln sind technische Gepflogenheiten, die im Lokomotivbau ebenso notwendig sind wie im Maschinen- und Apparatebau. Es sind aber auch Gepflogenheiten, die bei der amtlichen Abnahme einer im Bau befindlichen Lokomotive eine große Rolle spielen. Der Abnahmebeamte kommt ja nicht erst zur Kontrolle der fertigen und betriebsbereiten Lok ins Werk. Er ist ja während der einzelnen Bauphasen verpflichtet, Werkstoffe und Teile zu prüfen und zur Weiterverwendung freizugeben.

Die Entwicklung hochwertiger Baustähle für Achswellen, Rahmenwangen oder Kessel erfuhr mit der umfassenden Einführung neuer Schweißtechniken einen kräftigen Auftrieb. Die Lokfabriken hielten sich geprüfte Schweißfachingenieure und für den Lokomotivbau zugelassene Schweißfacharbeiter im Hause. Sie wurden zu vielgefragten Schweiß- und Werkstoffpraktikern.

Andere Probleme warfen die Lagermetalle auf, und man hatte es zunächst nicht leicht, Grundwerkstoffe zu finden, die den Wechselbeanspruchungen von Hochleistungs-Dampfloktriebwerken gewachsen waren. Der entwickelte Einheits-Rotguß der früheren Deutschen Reichsbahn enthielt neben Kupfer 9% Zinn. Er war ein Stoff, der genügend Härte und Verschleißfestigkeit mit Zähigkeit und guten Gleiteigenschaften verband. Heute sind es bewährte Stahllegierungen, die Lokomotiv-Wälzlager-Trieb- und Laufwerke charakterisieren.

Für Radreifen und Schienen braucht man ganz besonders verschleißfeste Stahlsorten. Seit Jahren werden von der Industrie und der Deutschen Bundesbahn Anstrengungen zur Entwicklung eines neuen Radreifenstahles unternommen, um den Beanspruchungen mit höheren Raddrücken und Geschwindigkeiten einigermaßen gerecht zu werden. Für Lokomotiven haben die Werkstoffspezialisten bereits Radreifenstähle mit Festigkeit zwischen 80 und 92 kp/mm² geschaffen. Ziel ist die Erzeugung eines Radreifen-Stahles für Achslasten bis zu 22 t, Fahrgeschwindigkeiten über 200 km/h und für Laufleistungen von 200 000 Kilometer zwischen zwei Profilberichtigungen. In den verschiedenen Versuchsreihen wurden seither legierte Stähle mit bis zu 110 kp/mm^2 Bruchfestigkeit erprobt.

Was heute noch gut war, kann morgen schon zum alten Eisen gehören. Die Schienenfahrzeug-Konstruktion hält Schritt. Seit einiger Zeit werden Experimente in der Befestigungstechnik mit hochwertigem Flüssigkunststoff gemacht, der Getriebe auf Wellen oder Keile in Nuten fest verbindet, zwischen den Metallteilen aushärtet und für Betriebssicherheit und Leistungsfähigkeit garantieren soll.

Andere Werkstoffpaarungen mit Chromstählen für die hochbeanspruchten Radsätze elektrischer Lokomotiven warfen einige, den „Preßverband“ von Radnabe und Achswelle betreffende Probleme auf. Die unliebsame Bildung von Preßriefen erfordert Abhilfemaßnahmen. Ausgeklügelte Preß- und Schrumpfvorgänge befriedigten schließlich bei Zuhilfenahme geeigneter Schmiermittel (auf Molybdänsulfid-Basis). Immerhin sind für die Oberflächen der Radkörper-Bohrungen und für die Nabensitze der Achswellen laut Technischen Lieferbedingungen der Deutschen Bundesbahn Rauhtiefen von nur 6,3 tausendstel Millimeter zugelassen. Versuchsweise paarte man Chromstahl für die Räder und aufgespritztes Molybdän für die Achswellen-Nabensitze.

Im Kessel- und Rahmenbau wird von den Werkstoffen und von den konstruktiven Verbindungen qualitativ hochwertiger Bleche sehr viel verlangt. Es dürfen nur Stähle verwendet werden, die bereits im Herstellerwerk nach den einschlägigen Werkstoff- und Bauvorschriften geprüft wurden und über ein entsprechendes Abnahme-Zeugnis verfügen. Trotzdem ist es meist noch nötig, während der Lokomotiv-Fertigung sowohl das Grundmaterial als auch den Schweißzusatzwerkstoff fortwährend zu kontrollieren, um unerkannt gebliebene Haar-Risse oder eingeschlichene Schweißfehler frühzeitig zu entdecken. Dafür wendet die Industrie die Verfahren der sogenannten „zerstörungsfreien Werkstoffprüfung“ an, wobei die Werkstoffe zwar auf Herz und Nieren untersucht, jedoch nicht wie in einer Zerreißmaschine kaputtgemacht werden.

Es gibt vor allem die Durchleuchtung mit Röntgenstrahlen, wie sie bei der Schweißnaht-Kontrolle schon zur Routine geworden ist. So kann beispielsweise ein im Lokomotivbau eingesetztes, ortsbewegliches 250-kV-Röntgengerät schwere Kesselbleche bis zu 60 mm Dicke durchdringen und Bindefehler in den Schweißraupen feststellen. Der Röntgenfilm bringt alles an den Tag!

Ähnliche Prüfmöglichkeiten bieten Isotope. An Stelle der Röntgenanlage tritt dabei nur eine Gamma-Strahlungsquelle, wobei allerdings längere Film-Belichtungszeiten, aber geringere Streuungen auftreten.

Risse, Poren und Schlackeneinschlüsse in Werkstoffen lassen sich aber auch mit Hilfe von Ultraschall-Impulsen aufspüren. Damit hat die zerstörungsfreie Werkstoffprüfung eine zusätzliche Methoden-Bereicherung erfahren. Der Ultraschall pflanzt sich nämlich in einem homogenen Medium geradlinig fort. Er wird in den Grenzflächen zweier verschiedener Medien — zum Beispiel Stahlguß-Poren mit

Gas-Einschluß — ganz oder teilweise reflektiert. Es wird demnach eine Ultraschall-Impulswelle in das zu prüfende Bauteil eingestrahlt und nach Reflexion an etwaigen Fehlerstellen wieder empfangen. Für diese „Echo-Wellen" interessieren sich die Prüfer und Abnahmebeamten, die an Hand der aufgenommenen Oszillogramme auswerten und deuten, wozu allerdings gewisse Erfahrungen gehören. Im Lokomotivbau sind Ultraschallmessungen übrigens für Achswellen- und Radsatzuntersuchungen gern angewendete Methoden.

Triebwerk, Kessel und Rahmen gehören zu den hochbeanspruchten Bauteilgruppen von Dampflokomotiven. Die konsequente Nutzung der Schweißtechnik hat gerade auf diesen Fertigungs-Sektoren große Vorzüge. Allein die Gewichtsersparnis ist frappierend. Ein mittlerer Lok-Kessel wurde durch Fortfall von Laschen, Überlappungen und Nietung um runde 2 Tonnen leichter! Die Undichtheiten von Stemmkanten, Nieten, eingewalzten Rauch- und Siederohren oder von Aufdorn-Stehbolzen verschwanden durch das Schweißen fast vollständig.

Auch das Ausland verlangte mehr und mehr „geschweißte Lokomotiven". Die Argentinischen Staatsbahnen führten zwar erst spät, aber immerhin im Jahre 1954 mit den großen Esslinger F1'-Zahnradlokomotiven erstmals geschweißte Stehbolzen, Quer- und Deckenanker im Lokomotivbau ein, während die Feuerbuchse ebenfalls geschweißt, der Langkessel jedoch weitgehend genietet war.

Der Lokomotiv-Rahmenbau konnte durch geschweißte Blechkonstruktionen — gegenüber dem Dampflok-Barrenrahmen — auf Gewichtsverminderungen bis zu 4,5 Tonnen pro Rahmen kommen!

Das Schweißen hat die Lokomotiv-Konstruktionen im Hinblick auf Fertigungsweise, Festigkeit, Gewicht und Formgestaltung geradezu revolutioniert. Elektrisches Lichtbogen-Schweißen, Sigma-Auftragsschweißen, CYC-ARC-Bolzenschweißverfahren sind nur einige Schweiß-Methoden, deren Namen hier nur andeuten sollen, mit welchen Techniken sich Schweißfachleute befassen müssen.

Fertigungsverfahren, Zweckform und funktionsgerechte Toleranzen gehören zum bunten Strauß der Werkstattpraxis. Das Triebwerk einer Dampflokomotive verlangte eben Längenabstände der Kuppelstangenlager von Achse zu Achse mit Größenordnungs-Toleranzen von 0,1 mm und für den ganzen gekuppelten Achsstand von nur 0,2 mm! Konstrukteure und Konstruktionsbüros der Bahnverwaltungen schrieben diese Bruchteil-Millimeter-Maße aus guten Gründen vor. Man mußte auch bei unelastischem Lokomotivrahmen zu erreichen versuchen, daß die Lokomotive jede in Frage kommende Gleisstelle kinematisch sozusagen einwandfrei durchfahren, daß Massenkräfte aufgenommen und daß der „Rahmen-Streß" beherrscht werden konnte. Mit diesen Bedingungen hatte sich die Werkstatt abzufinden. Unvorhergesehene Ereignisse blieben nicht aus. Schweiß- und Nietverbindungen hatten nämlich in den Zeiten ihrer ersten Anwendungen gewisse Unannehmlichkeiten, über die man ruhig sprechen kann. Rahmenverbindungen wurden bereits vor dem Zweiten Weltkrieg nicht nur geschraubt, sondern auch genietet und geschweißt. Eine unschätzbar große Zahl von Lastwechseln und unerkannt gebliebene Schweißfehler, Einbrandkerben oder Schlackeneinschlüsse führten zu den unangenehmen Brüchen, wie sie beispielsweise bei den Reichsbahn-Lokomotiven 03 163, 01 118 und 01 029 auftraten. Bei jenen Maschinen waren es vor allem auch die geschweißten Pendelbleche zwischen Kessel und Rahmen, welche Sorgen machten.

Der Lokomotivrahmen war immer wieder Gegenstand von umfangreichen Berechnungen, Fertigungsuntersuchungen und Vermessungsstudien. Die Versuchsanstalt Göttingen der früheren Deutschen Reichsbahn hatte in den zwanziger Jahren eingehende theoretische Untersuchungen durchgeführt, die dazu führten, Lokomotivrahmen genauer zu vermessen als seither. Denn Meß- und Fertigungspräzision vermindern ganz erheblich Verschleiß, Bruchgefahr und sie verringern selbstverständlich die Ausbesserungskosten. Worauf es ankam, liegt eigentlich auf der Hand: Rechtwinkligkeit und Parallelität der Achslagerführungsflächen, der Zylinderlängsachsen und Rahmenlängsflucht. Dabei gelten natürlich damals wie heute die strengen Toleranzvorschriften. Was es heißt, tonnenschwere Lokomotivrahmen meß- und toleranzgerecht auszurichten, betriebssicher zu befestigen und peinlich genau zu vermessen, wird dem Laien vielleicht klar, wenn er auf die dafür verwendeten Meßgeräte aufmerksam wird. Und es dürfte vielleicht verwunderlich erscheinen, daß eine Lokomotive, die einem so rauhen Betrieb unterworfen ist, streng nach Toleranzen hergestellt werden muß. Es ist aber immerhin zu beachten, daß die Schaffung und Ausführung von zweckmäßigen Maß-Toleranzen nicht nur die Laufeigenschaften des Fahrzeugs beträchtlich verbessert und damit die Sicherheit gesteigert wird, sondern auch die Grundlage für die Serienfertigung und den Austauschbau gibt. Die Toleranzgenauigkeit der Einzelteile eines Lokomotivrahmens prüfte man früher mit ganz gebräuchlichen Meßgeräten, mit Lehren, Mikrometerschrauben, Präzisionslinealen und -winkeln. Schwieriger wird die Ausmessung des ganzen, mit Zylinder, Gleitbahnen, Schwingen- und Steuerwellenlager ausgerüsteten Rahmens. Die Vermessung muß dabei Gewähr geben, daß nicht nur der Anbau des Triebwerkes und der Steuerung ohne Schwierigkeiten möglich ist, sondern daß außerdem Lauf- und Triebwerk im Betrieb ordnungsgemäß zusammenarbeiten werden. Der einwandfreie Kraftfluß vom Kolben über Kreuzkopf und Stangen zu den Achsen und Achslagerführungen ist eine wesentliche Voraussetzung für Laufruhe und Verschleißarmut.

Alle Rahmenvermessungen werden auf einem Meßstand vorgenommen, der mit Hilfe von höhenverstellbaren Stützböcken den Rahmen in Längs- und Querrichtung horizontal in die Waage legen läßt. „Er liegt im Wasser!“ heißt es unter alten Lokbauern, die die Horizontallage mit Hilfe der Wasserwaage festgestellt haben. Danach werden Linealträger, die zur Auflage der Meßlineale bestimmt sind, und die Meßdrahtträger mit Meßdraht und Spanngewichten angebracht. Um die Zylinderachse der Messung zugänglich zu machen, wird sie bei der hier umrissenen „mechanischen Vermessung“ durch den Meßdraht mit dargestellt. Dieser dünne Stahldraht ist am vorderen Zylinderende durch einen dreiarmigen Zentrierstern genau im Mittelpunkt einer Querschnittsebene festgehalten.

Doch diese ältere konventionellere Rahmen-Meßmethode ist heute vergessen. Die Meßschwierigkeiten, die sich durch den natürlichen Durchhang des dünnen Meßdrahtes ergaben, führten zu einem optischen Meßverfahren mit Zylinder-Fernrohr. Die Askania-Werke in Berlin entwickelten in den zwanziger Jahren das sogenannte Hilfsfernrohr „Kolimator". Später ist diese Idee vervollkommnet worden. Im Zylinder wurde ein Fernrohr zentriert, und der Sehstrahl durch dieses Fernrohr stellte dann die Meßachse dar, bei der es keine Durchbiegung mehr gibt. Die Firma Carl Zeiss in Jena hatte sich mit dieser Entwicklung Verdienste erworben. Jenes Präzisionsinstrument gestattete die Messung aller wichtigen Rahmen- und Triebwerk-Grundmaße von der Dampfzylinderachse aus. Alle beteiligten Flächen konnten je nach Meßergebnis justiert und ausgerichtet werden. Kein Draht, kein Lineal kann die Meßflucht von Zylinder und Gleitbahn bis zum hinteren Rahmenende so genau fixieren wie der Lichtstrahl, der im Fernrohr eingefangen ist.

Der im Lokomotivbau seit Jahrzehnten eingeführte Austauschbau hat natürlich auch zur Entwicklung besonderer Meßstände für Treib- und Kuppelstangen beigetragen. Auch dabei geht es um Zehntelmillimeter-Toleranzen, denen man mit Mikroskop und Tastgeräten zu Leibe rückt!

Doch auch Achslager, Radsätze und Kessel, insbesondere derjenige in Schweißbauweise, verlangen spezielle Aufmerksamkeit, denn ohne Messen und Prüfen geht's nun mal nicht. Noch nach der Entwicklung der Bundesbahn-Neubaulokomotiven der Reihen 23, 65 und 82 gab es das leidige Problem der unerwünschten Spannungen in den eingeschweißten Kessel-Domaushalsungen. Der Spannungsverlauf wurde ausschließlich im Versuch mit Dehnungsmeßstreifen erfaßt, denen Forschungsarbeiten der Technischen Hochschulen zugrunde lagen. Man machte sich damals die Dehnungs-Meßstreifentechnik zunutze, weil sie auf vielen anderen Gebieten der Technik zur Erfassung von statischen und dynamischen Beanspruchungen der Werkstoffe große Erfolge verzeichnete. Derartige Dehnungsmessungen wurden übrigens auch an den letzten Bundesbahn-Neubau-Dampflokomotiven der Reihen 66 und 10 und selbstredend auch an selbsttragenden Aufbauten oder an Drehgestellen von elektrischen und Diesel-Lokomotiven durchgeführt. Lokomotivfabriken und Lokomotiv-Ausbesserungswerke gehören zwar in die weitläufige Familie des Großmaschinenbaues, doch Entwicklung und Forschung zwingen hier zu nie gekannter Maschinen-Präzision, zur Anwendung verfeinerter Meßtechniken und zu gewissen spezifischen und neuartigen Forschungsaufgaben.

Je mehr wir zu elektronischen Leistungssteuerungen im Diesel- und Ellokbau übergehen, je „automatischer" die Funktionsweisen sind, desto höhere Anforderungen werden an die beteiligten Entwicklungs- und Herstellerfirmen gestellt.

Der Elektrolokomotivbau warf eben zusätzliche Probleme auf und forderte neue und andere Prüf- und Meßmethoden, als sie im Dampflokbau üblich waren. Das Lagerspiel von Elektromotorenläufern beläuft sich auf hundertstel Millimeter. Die Genauigkeit des Kommutator-Rundlaufs wurde schon vor vielen Jahren mit Toleranzen von 1/100 mm und weniger gemessen. Hochentwickelte

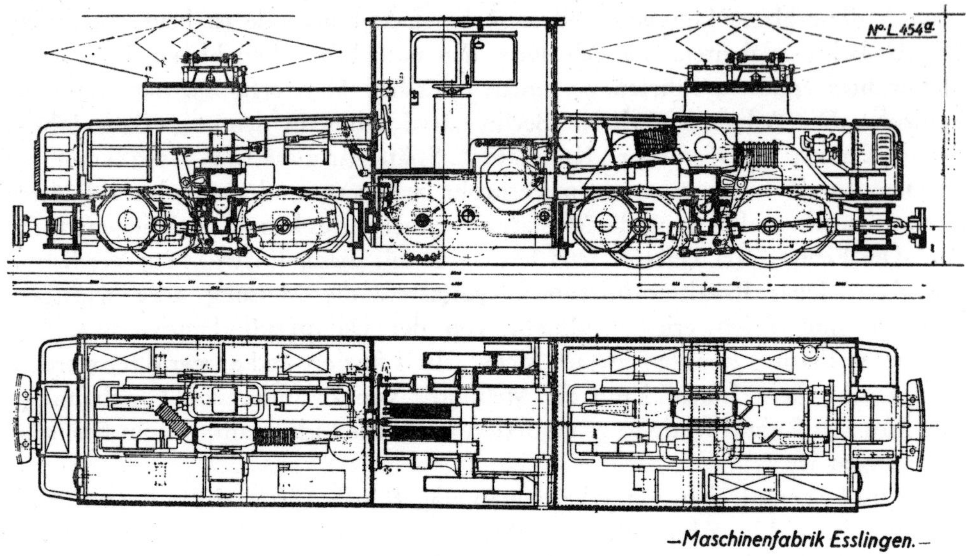

Angebotszeichnung für eine elektrische Bo'Bo'-Tagebaulokomotive (Zeichnung: Esslingen)

elektrische Prüffelder, Mittelpunkte im Elektromotoren- und Schaltanlagenbau, Schleudergruben und Schwingungsmeßstände ermöglichen die Messung der Funktionsgenauigkeit im zeitlichen Zusammenwirken der Konstruktionsteile. Auf Tausendstelsekunden genau können am Oszillographen Schaltvorgänge geprüft werden.

Neue Elektromotoren werden „durch die Mangel gedreht", sie kommen ebenfalls um exakte und strapaziöse Prüfungen nicht herum. Wiederum geht's in die Schleudergrube, wo das Laufverhalten bei verschiedenen Extrem-Drehzahlen und Belastungen getestet wird. Erwärmung, Laufeigenschaften, Strom- und Spannungswerte sind bedeutungsvolle Fakten, welche den Prüfingenieur und Abnahmebeamten sehr interessieren. Und wie heißt es doch in der Bundesbahn-Vorschrift: „Allgemeines über die Abnahme bei der Deutschen Bundesbahn, zusammengestellt für Lieferwerke und für Dritte" (Ausgabe 1950)?

Nun, unter Absatz 7 steht: „Die Lieferer haben die Tätigkeit des Abnahmebeamten in jeder Hinsicht zu unterstützen, alle Arbeiten gut vorzubereiten und für möglichste Klarheit bei der Durchführung der Prüfung zu sorgen."

Sorgfältig vorbereitete Tests werden verlangt, und ähnliche Prüfverfahren, wie oben beschrieben, gelten sinngemäß auch für die Lokomotivbauer von dieselelektrischen und diesel-hydraulischen Fahrzeugen. Dieselmotoren und Flüssigkeitsgetriebe, Kühlanlagen und Strömungsbremsen unterliegen entsprechenden Kontrollmethoden, auf die kein Besteller verzichten wird. Oberflächliches Werkeln ist im Lokomotivbau verpönt. Es stünde sonst schlecht um die Sicherheit unseres Schienenverkehrs!

Tafelseite 71. Montage von Bundesbahn-Diesellokomotiven V 160 (216) bei der Klöckner-Humboldt-Deutz AG (Foto: KHD)

Zusammenbau einer elektrischen Zahnradlokomotive für die Rheinische AG für Braunkohlenbergbau und Brikettfabrikation. Diese in zwei Exemplaren gebaute Lok mit zwei Tragachsen und vier Triebzahnrädern stellt eine Sonderentwicklung dar. (Foto: BBC)

Serienmontage elektrischer Lokomotiven bei Krupp in Essen. Im Vordergrund rechts die beiden fast abnahmefertigen Lokomotiven E 10 156 und E 10 169 (Foto: Krupp)

Tafelseite 73, oben: In der Ellokmontage der Friedrich Krupp GmbH Industriebau und Maschinenfabriken Essen (Foto: Krupp)

Unten: Blick auf die Kühlergruppe einer für die Sowjet-Union bestimmten Diesellokomotive. Aufnahme in der Richthalle der Hohenzollern AG in Düsseldorf, 1925 (Archivbild)

AEG

N14

Tafelseite 74, links: Eine ölgefeuerte Mikado-Lokomotive für die Irakische Staatsbahn wird im Lieferwerk mit Ehrhardtschen Waagen zum Wiegen vorbereitet.
(Foto: Messerschmidt)

Unten: Eine der zuverlässigen Bremslokomotiven der Deutschen Bundesbahn. Mit ihr ist es möglich, eine beliebige Zugkraft nachzuahmen und dabei die Zugkraft am Haken der Versuchslokomotive bei verschiedenen Geschwindigkeiten zu messen. Im Bild sehen wir die zur Bremslok mit Gegendruckbremse umgebaute badische IVh-Lokomotive, Betriebsnummer 018 323.
(Pressefoto: Deutsche Bundesbahn)

Der Bau geht voran

Drei Kilometer Schweißnähte — Die Radsätze sind eingetroffen — Die Steuerung wird eingestellt — Der Motor kommt zu spät — Das Führerhaus paßt nicht

Die ausgeklügelten heutigen Fertigungsverfahren entwickelten sich Jahrzehnte hindurch. Fertigungsplanung, Werkzeugbau und Konstruktionsbüro arbeiteten Hand in Hand, um den Lokomotivbau rationeller und wettbewerbsfähiger zu machen. Was geleistet wurde, ist beachtlich und imponierend zugleich: Die Herstellung elektrischer Bundesbahn-Lokomotiven beruht in starkem Maße auf der Nutzung der Schweißtechnik. Für Brückenträger, Kastenaufbau und Drehgestellrahmen werden dünnwandige Bleche und Abkantprofile gewählt, um Gewicht zu sparen. Alles wird mit Hilfe des Lichtbogens nach Schweißplan und Schrumpfmaßzugaben zusammengefügt. Die Schweißnähte einer einzigen elektrischen Lokomotive der Bundesbahn-Einheitsbauart würden aneinandergereiht die stattliche Länge von 2,5 bis 3 Kilometer ergeben! Diese Größe des Umfanges der durch Schweißen zu verbindenden Teile kannte man im Dampflokomotivbau überhaupt noch nicht, obwohl Kessel- und Rahmenschweißnahtlängen sich durchaus sehen lassen konnten. Für den Fachmann bedeuten diese beeindruckenden Kilometerzahlen eine Summe von Problemen, die bei der Elektroden- und Methodenwahl beginnen und beim Schweißverzug oder der Schrumpfung der Nähte noch längst nicht aufhören.

In den Lokomotiv-Werkstätten der Groß-Industrie herrscht bei guter Auftragslage pulsierendes Leben in einem Maße, wie es sich etwa mit demjenigen des Turbinen- und Elektro-Großmaschinenbaues oder in mancher Hinsicht auch mit der Atmosphäre auf Schiffswerften vergleichen läßt. Schließlich haben all diese Industriezweige viele Gemeinsamkeiten in der Technik und im Herstellungsprogramm. Werften bauten Lokomotiven, und wir denken dabei an die Vulcan-Werft in Stettin oder an Schichau in Elbing, und Elektro-Konzerne spielen oder spielten im Lokomotivbau eine bedeutende Rolle. Die Rheinstahl-Henschel AG hat sich zu einem weltweiten Maschinenbau-Unternehmen entwickelt, das schon um 1960 herum in seinen drei Kasseler Werken auf 500 000 m^2 Fläche produzierte und über ein Werkgelände von 1 600 000 m^2 verfügte! Im Jahre 1955 wurden dort die letzten kompletten Henschel-Dampflokomotiven für die Bundesbahn gebaut. Und der letzte, von Henschel gelieferte Dampflokomotivkessel trug die Fabriknummer 29 860. Er war nur einige Jahre später verschickt worden und für die Bundesbahn-Einheitslok der Reihe 41 bestimmt.

Die indischen Chittaranjan Locomotive Works konnten dank der dortigen Nachfrage anders disponieren: Man baut noch bis mindestens zum Jahre 1972

Dampflokomotiven, obwohl die Fertigung von Diesellokomotiven und elektrischen Schienenfahrzeugen schon längst begonnen hat.

Im Laufe der Jahrzehnte ist der Fertigungsrhythmus überall ein bißchen hektischer und weitaus planvoller geworden als in der „guten alten Zeit". Teil für Teil, Baugruppe für Baugruppe rollen im rechten Moment zur Montage heran. Während die Arbeitskolonnen Rahmen und Achslagerführungen vorbereiten, gehen in den Radsatzwerkstätten der eigenen Fabrik oder in einem Zulieferer-Unternehmen die ersten Räder zur Kontrolle. Als charakteristisch für die Radsatzwerkstätten gelten die speziellen Maschinen und Einrichtungen, die dem Fertigungsfluß entsprechend angeordneten schweren Drehmaschinen zur Rundbearbeitung sowie die hydraulischen Pressen zum kraftschlüssigen Verbinden von Achswellen und Rädern.

Die Fertigung der Radsätze beginnt im allgemeinen mit dem Drehen der Achsen auf Kopierbänken. Je nach Vorschrift und Anforderung werden die Lauf- und Lagersitze geschliffen oder mit einer Prägeeinrichtung prägepoliert. Radstern, Radscheibe und auch Radreifen kommen meist auf die Karussell-Drehbank zur Bearbeitung, während die Achswelle auf Spitzendrehbänken vorbereitet wird. Ein Ellok-Radstern muß sich beim Aufpressen einen Druck von ungefähr 100 t gefallen lassen. Vor dem Aufpressen des zweiten Radsternes sind noch andere Arbeitsgänge nötig: Hohlwelle mit Zahnkranz, Ausleger und Rollenlager müssen auf der Achse montiert werden. Aber selbst nach dem Aufpressen des zweiten Radsternes ist der Ellok-Radsatz noch lange nicht fertig. Es fehlen ja noch das Aufschrumpfen der Radreifen, das Einwalzen der Sprengringe und das Drehen des Laufflächen-Profils! Eine durch 50-kW-Motor angetriebene Profildrehmaschine besorgt mit mehreren Drehstählen nach dem Kopierverfahren die einwandfreie Laufflächen-Herstellung. Dann erst gehen die Radsätze zur Kontrolle und Auslieferung. Preßversuche an Lokomotiv-Radsätzen befassen sich mit neuen Werkstoffpaarungen, beispielsweise Chromstahl 25 CrMo 4 für die Achswelle und Chromstahl GS—22 CrMo 54 für die Räder. Mit der durch höhere Fahrgeschwindigkeiten steigenden Belastung ist man eben gezwungen, durch Änderung der Werkstoffpaarung hohen Beanspruchungen gerecht zu werden.

Die Ingenieure ziehen schließlich ihre Lehren aus früheren Achswellenbrüchen, Nabenrissen und anderen Betriebsschäden an Radsätzen von Lokomotiven aller Antriebsarten. Das rechtzeitige Auffinden von Achswellen-Anbrüchen hat vor allem den Dampflokomotivbauern und -betriebsleuten viele schlaflose Nächte bereitet. Mit der statistischen Auswertung von Ultraschall-Reihenuntersuchungen kam man dem Problem dann endlich auf die Spur. Dampflokomotivradsätze hatten übrigens ihre besonderen Probleme. Man hatte es ja mit einfach, zweifach oder überhaupt nicht gekröpften Achswellen zu tun. Ein- und mehrteilige Achsen verteuerten je nach Aufwand für die Kröpfung die Produktionskosten. Gegengewichte und Zapfen- oder Kurbelnaben trugen auch nicht gerade zur Kostenminderung bei. Und wenn die Radsätze vollzählig in der Lokomotiv-Montage vorhanden waren, hatte man mit den Treibachsen noch seine besonderen Arbeiten

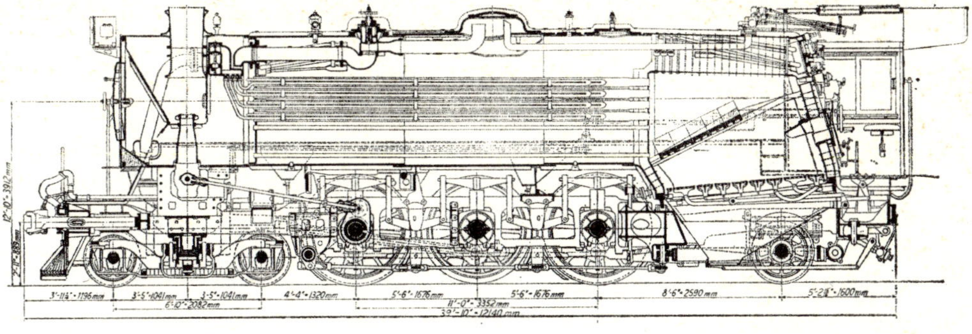

Schnittbild der 2'C 1'-Schnellzuglokomotive, Klasse 16 DA, der Südafrikanischen Staatsbahnen, ausgerüstet mit Caprotti-Ventilsteuerung. Diese Zeichnung wurde auf Wunsch der Bahnverwaltung sowohl mit Zoll- als auch mit metrischem Maßsystem ausgefertigt.
(Zeichnung: Henschel)

vor. Man konnte das Dampfloktriebwerk ja nicht betriebsfertig anbauen, bis die Steuerung nicht eingestellt und vom Abnahmebeamten nicht geprüft war. Alle Steuerungsteile sowie Treibstange mit Gegenkurbel, Gleitbahn und Kreuzkopf gehören zur Funktionsprüfung einer Heusinger-Steuerung. Der Treibradsatz wird über untergesetzte Rollen von Schieberstellung zu Schieberstellung, von Strich zu Strich der Füllungsskala gedreht. Und jede Schieberstellung muß nach den zeichnungsgemäßen „Steuerungsergebnissen" stimmen. Schauluken und geöffnete Schieberkastenabdeckungen machen es dem Abnahmebamten zum Kinderspiel, die Schieberwege zu verfolgen. Seine gefürchtete Handlampe läßt da nicht mit sich spaßen. Sie leuchtet die Kolbenschieberkanten gut aus.

Wir wollen hier nicht die Eigentümlichkeiten der Heusinger-Steuerung erläutern, die sich die Prüfung zunutze macht. Begnügen wir uns mit nur einigen Werkstatt-Spezialitäten. Bewegt man beispielsweise die Steuerung durch alle Füllungsgrade hindurch, so muß der Schieber in der Totpunktlage der Maschine in Ruhe bleiben, denn bei der Heusinger-Steuerung ist das Voreilen bei jeder Füllung unverändert. Wenn sich trotzdem Schieberbewegungen feststellen lassen, stimmen entweder die Krümmung der Schwinge oder die Länge der Schwingenstange nicht. — Bei der Nachprüfung der Füllungen und Festlegung der Steuerungspunkte müssen Meßlatte mit Hubskala in zehn Teilen und zugehörigem Zeiger angebaut werden. Dann beginnt wieder das Drehen an der Treibachse, das Feststellen des Maschinen-Totpunktes und das Beobachten durch die Schaulöcher des Schieberkastens, wobei beim Drehen von Hub-Zehntel zu Hub-Zehntel auch die Meßlatten-Skala nicht außer acht gelassen wird. Die bei Vorwärts- und Rückwärtsgang gefundenen Werte aller markanten Stellungen werden in eine Tabelle eingetragen oder in einem Diagramm zusammengefaßt. Das Diagramm ergibt die sogenannten Schieberellipsen — ein klares Bild von allen Steuerungsvorgängen. Diese Prozedur nimmt in der Lokomotivfabrik relativ viel Zeit in

Anspruch. Man ist froh, wenn die Steuerung amtlich abgenommen und grünes Licht zum Weiterbau gegeben wurde. Doch, eine richtig funktionierende Steuerung ist wichtig. Schlecht einregulierte Steuerungen machen dem Betrieb beträchtliche Sorgen: Vermehrter Brennstoffverbrauch, erhöhte Schleuderneigung, schlechtes Anzugsvermögen, mangelhafte Dampfentwicklung und -zufuhr und Triebwerkschäden degradieren eine Lokomotive zum unbeliebten „alten Schinken".

Bei Diesellokomotiven sind solche Probleme genauso vorhanden und ebenso wichtig. Nur kann dabei der Dieselmotor schon beim Motoren-Hersteller auf dem Prüfstand einreguliert werden, dennoch ist das Zusammenwirken von Motor und Lokomotivsteuerung im Lokomotiv-Werk zu kontrollieren. Die Fahrstufen der Steuerungen elektrischer Lokomotiven müssen durchgemessen werden und stimmen. An derart wichtigen Einrichtungen wird vom Besteller und Auftraggeber nichts unbesehen hingenommen.

Füllungsgrade und Kesselleistung sind — wie Versuche ergaben — keine sich über gleichartige Bautypen erstreckende proportional veränderbare Meßwert-Größen. Drei Bundesbahn-Lokomotiven von etwa gleicher Kesselleistung, die Reihen 03, 23 und 41, haben im Leistungsversuch voneinander abweichende Verhaltensweisen gezeigt. Die Neubaulok kommt mit der kleinsten Füllung auf volle Lokomotivleistung. Bei 90 km/h Fahrgeschwindigkeit muß der Lokomotivführer zur vollen Anstrengung seiner Maschine die Steuerung bei der 03 bis auf 31,5%, bei der 41 auf 27,5% und bei der 23 auf nur 22% auslegen. Diese Zahlen sollen noch einmal verdeutlichen, wie wichtig es ist — ganz gleich bei welcher Antriebsart —, eine präzise ausgeführte Lokomotivsteuerung einzubauen, um wirtschaftlich fahren und die Maschine voll nutzen zu können, um Betriebskosten und Kapitalkosten in gleicher Weise niedrig zu halten.

Kaum eine Lokomotivfabrik arbeitet fehlerlos. Kaum ein Konstrukteur, Fertigungsplaner oder Disponent sind unfehlbar. Wichtig dabei ist vor allem, daß Mängel rechtzeitig erkannt werden und ein „Unheil" verhindert wird. Viele „höhere Gewalten" beruhen auf Lieferschwierigkeiten. Wenn es beispielsweise ein Dieselmotor für eine dringend angeforderte Lok ist, erscheint der Ärger unabwendbar. „Der Motor kommt zu spät!", mit diesem Schrei ist schon mancher verzweifelte Terminverfolger in das verschwitzte Büro der Fertigungsplanung gestürmt. In der Tat, hier ist guter Rat teuer. Die Konventionalstrafe droht. Und ein enttäuschter Kunde wird sich so schnell nicht wieder mit einem Auftrag melden. Die halbfertige Lok bringt die ganze weitere Terminplanung durcheinander. Der Montagestand ist durch die „Unvollendete" belegt und kann nicht genutzt werden. Es wäre müßig, Überlegungen darüber anzustellen, wo die Ursachen der verspäteten Zulieferung eines Dieselmotors, eines Getriebes oder einer Kühlanlage zu suchen sind. Es ist eben für die ganze Industrie unmöglich, Streiks, Betriebsstörungen durch Feuer, durch den Ausfall einer wichtigen Bearbeitungsmaschine oder gar durch eine Grippe-Epidemie auf die Stunde genau vorauszusehen und frühzeitig geeignete Maßnahmen zu ergreifen. Auch für Eisenbahnverwaltungen sind solche unliebsamen Zwischenfälle im voraus unberechenbar. Da es vertragliche Bindungen gibt, hat natürlich die Rechtsabteilung ein Wörtchen mitzureden. Und für diese Instanz ist es sehr wichtig zu wissen, wem schuldhaftes Verhalten vorgeworfen werden muß. Weil kein Mensch wie der andere ist, ist wohl auch kein Fehler wie der andere. Abteilungsleiter und Vorstandsmitglieder sind übrigens auch Menschen, also haben sie auch Fehler. Es sind vielleicht nicht die alltäglichen Fehler. Doch es sind bestimmte Fehler, die der Dimension angemessen sind. Man könnte sie als „direktoriale Fehler" bezeichnen.

Fehler in der Unternehmens-Strategie, Dispositionsmängel, der berüchtigte Ausschuß, Gußfehler, Maßüberschreitungen oder Schweißnaht-Risse gehören zu den unliebsamen Intermezzi einer geplagten Lokomotiv-Industrie. — Wenn der Dieselmotor zu spät kommt, müssen die Montierungsarbeiten an der Kraftübertragung, an den elastischen Rahmenauflagen, an der Leitungsverlegung für Kühlwasserkreislauf und für elektrische Steuereinrichtungen ruhen. Die Aufbauten bleiben abseits stehen. Der Montagestand bietet ein trauriges Bild. In gewissen Fällen läßt sich auch das Führerhaus von Verschiebe-Diesellokomotiven nicht endgültig montieren, und viele Paßarbeiten müssen unterbleiben. Ein Diesel- oder Dampflok-Führerhaus paßt nämlich nur verhältnismäßig selten beim ersten Aufsetzen auf Anhieb! Zu viele Befestigungen, Rohrleitungsdurchführungen, Drehzüge, Gestänge, Kabel, Armaturenverschraubungen, Ecken, Kanten und Rundungen sind im Spiele, um die millimetergenaue Zeichnungsausführung bei den groben Blech-, Guß- oder Rohrteilen am Führerhaus im voraus haargenau hinzukriegen. Viele Löcher werden sowieso erst nach dem Aufpassen von Führerhäusern, Vorbauten und Trägern gemeinsam mit der „Gegenseite" gebohrt. Der oft gehörte Ausspruch „Das Führerhaus paßt nicht!" bringt keinen Routinier aus der Ruhe. Aber denken wir daran, daß es ja nicht nur Routiniers gibt, die sich um die Herstellung einer Lok kümmern. Alte und junge Menschen, ungelernte, angelernte und gelernte Arbeiter, Meister, Techniker, Kalkulatoren, Konstrukteure, Oberingenieure und Abteilungsleiter, Kaufleute, Expedienten, Packer und Maler sind nur einige aus dem großen Reigen der „Lokomotiv-Mitarbeiter" herausgegriffene Leute aller Altersklassen zwischen 14 und 65 Lebensjahren. Frauen, jawohl Frauen wirken auch mit: an der Werkbank, am Reißbrett, in der Rechnungsprüfung, in den Schreibzimmern oder in den Sekretariaten. Sie sind darüber hinaus zu finden in den Werbeabteilungen, als Werkfotografinnen, als Archivarinnen und als Werkstattschreiberin. Es ist ein riesiger Personenkreis, der in den Sog eines Lokomotiv-Lieferauftrages gerät.

Abnahme und Probefahrt

Probedruck und Ausblasen — Der Achsdruck macht Sorgen —
Lauf-Attest und Lastfahrt — Indikatordiagramme —
Die Maler sind die Letzten — Das „Meisterstück" wird übergeben

Das „Meisterwerk" geht seiner Vollendung entgegen. Eine Dampflokomotive soll abgenommen werden. Aber Abnahmevorschriften — nicht nur bei Dampflokomotiven — sind hart, unerbittlich und unbestechlich!

Da sind zunächst im sogenannten Kesselgesetz verschiedene Dampf-Kessel-Untersuchungen vorgesehen, die jedesmal mit einer Wasserdruckprobe abschließen. Der Probedruck hat dem Vorschriftentext genau zu entsprechen. Nach der Bau- und Betriebsordnung (BO) § 43 (9) muß die Kesseldruckprobe beim 1,3fachen Druck des zulässigen Betriebsdruckes durchgeführt werden. Das hierbei vorgeschriebene Mindestmaß soll „Betriebsdruck plus 5 kp/cm^2" sein. Für Lokomotiven, die nicht der Aufsicht der Deutschen Bundesbahn unterliegen, ist gemäß den „Allgemeinen polizeilichen Bestimmungen über die Anlegung von Landdampfkesseln" nach dem Stand vom 31. 12. 1944 mit mindestens 1 kp/cm^2 plus zulässigem Kesselbetriebsdruck zu rechnen, sofern keine Sonderbestimmungen vorliegen.

Der Kessel ist also möglichst mit vorgewärmtem Wasser zu füllen, wobei die Luft entweichen muß, und mit Hilfe einer Druckpumpe der Wasserdruck auf den Probedruck zu erhöhen ist. Es ist einleuchtend, daß dabei Regler mit Gestänge, Stopfbuchsen und das Dampfrohr eingebaut sein müssen, damit sämtliche Dichtungen geprüft werden können. Natürlich sind auch alle Niet- oder Schweißverbindungen sowie sämtliche Schraubverschlüsse zu kontrollieren, und wehe, wenn ein Wassertröpfchen durchsickert! Die Atmosphärenzahl wird nach zehn Minuten Dauerdruck langsam reduziert, bei keiner Beanstandung das Kesselschild amtlich abgestempelt sowie die Bescheinigung über die Wasserdruckprobe im Teil „Kesselbuch" des „Lokbetriebsbuches" vermerkt. Hier liegt also so ein kleines „Geheimnis" hinter einem Fabrik- bzw. Kesselschild, von dem wir im ersten Kapitel „Wovon die Rede ist" sprachen.

Damit aber noch nicht genug: Die Lokfabrik muß nach der Wasserdruckprobe noch die Dampfdruckprobe für den einbaufertigen Kessel einschließlich aller zugehöriger Armaturen durchführen. Die Dampfdruckprobe geschieht unter dem amtlich zugelassenen Betriebsdruck. Während dieser Prozedur sind die Sicherheitsventile einzustellen und das Kesselmanometer mit einem Eichdruckmesser zu kontrollieren. Im heißen Zustand wird dann der Dampferzeuger nach Reinigen seiner Oberfläche mit heißem Steinkohlenteer gestrichen. Danach kühlt man langsam ab und bläst bei etwa 2 atü den Kessel ordentlich aus. Das heißt ganz einfach, daß Rauchkammertür und Regler geöffnet werden, um kräftig mit Dampf durchzublasen, damit unter ohrenbetäubendem Lärm alle Schmutzpartikel (Zunder, Schweißnahtschlacken usw.) „herausgeschossen" werden und aus den Dampfkanälen verschwinden. Als die Maschinenfabrik Esslingen ihren letzten Bundesbahn-Lokomotivkessel für eine 41er Lok im Jahre 1961 „verabschiedete", wurde dieses aufregende Schauspiel des Kesselausblasens sogar vom Deutschen Fernsehen gefilmt. Für den Laien ist der Anblick des pustenden Kessels etwas Erstaunliches! Natürlich kann man so etwas nicht in einer Werkhalle machen. Das wäre viel zu gefährlich. Der abnahmefertige Kessel wird dabei auf fixierte Rollschemel ins Freie oder ins geöffnete Heizhaus gestellt, bekommt einen provisorischen Blechschornstein und für solche Fälle einen improvisierten Aschkasten.

Der Neubau-Kessel hat seine Funktionsprüfung nun noch nicht überstanden. Er wird nämlich in die Lokomotiv-Richthalle gebracht, auf die Lokomotive montiert und mit der Dampfmaschine funktionsfähig verbunden. Ein neuer Routinevorgang, dem man immer mit Neugier und Spannung entgegensieht, schließt sich an. Die Lok wird angeheizt. Kolben und vordere Zylinderdeckel bleiben noch weg, und man schiebt die neue Lok ins Heizhaus, läßt die Tore offen und öffnet allmählich den Regler. Jetzt wird nämlich die ganze Lok ausgeblasen. Unter gewaltigem, donnerndem Geräusch zischen die dicken Dampfstrahlen aus den Zylinderöffnungen und schleudern alle noch vorhandenen Schmutzteile aus den Einströmrohren und sonstigen Dampfkanälen hinaus ins Freie. Dabei hat der Betriebsingenieur oder aufsichtführende Werkmeister strenge Vorsichtsmaßnahmen zu treffen, weil alles, was sich der kraftvollen Dampfstrahl-Gewalt, den herausschießenden Dampfmassen entgegenstellt, unerbittlich weggerissen oder beiseite geschleudert wird. Erst bei einem solchen dramatischen Schauspiel, bemerkt der unbefangene Zuschauer, welche „unheimliche" Energie in einer großen Dampflokomotive schlummert.

Nach Abschluß des Ausblasens ist die Lok nun keineswegs reif zur Werkabnahme und Probefahrt. Das Fahrzeug wird erst einmal vollständig zusammengebaut und in der Werkhalle gewogen — Achse für Achse.

Flechten wir jedoch erst noch ein Wort zur Diesellokomotive ein: Parallel zu den Einsetzarbeiten von Dieselmotoren und Getrieben, zum Aufsetzen des Zug- und Motor-Vorheizkessels und der Kühlanlage läuft das Verlegen der Rohrleitungen, der elektrischen Verkabelungen und das Montieren der Apparateschränke für die gesamte Steuerung und Überwachung der Lokomotivfunktionen. Aufgabe der Fertigungsplanung und Betriebsorganisation ist es in jedem Falle, die einzelnen Arbeitsgruppen so anzusetzen, daß sie sich nicht gegenseitig behindern und zügig ihre Aufgaben erfüllen können. Vor der Probefahrt — ein „Ausblasen" gibt's ja bei Diesellokomotiven nicht — müssen Dieselöl, Heizöl und Wasser eingefüllt werden. Die Motoren und Getriebe bekommen ihre vorgeschriebenen Schmierstoffe, und sämtliche Rohrverbindungen und -verschraubungen, alle elektrischen Leitungen und Apparate müssen auf Funktion und einwandfreie Schaltung untersucht und kontrolliert werden.

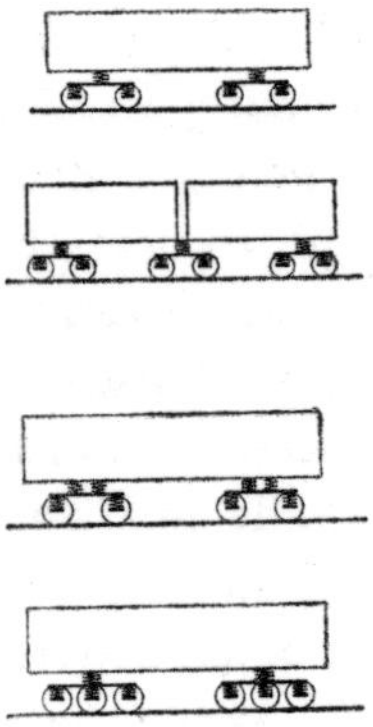

Beispiele von Abstützungsarten für Drehgestell-Lokomotiven (Werkbild)

Die „Geburtsstunde“ einer Lokomotive beginnt eigentlich sozusagen mit der Bremsprobe. Ein Abnahmebeamter des Bremsdezernates der Bundesbahn oder einer anderen Verwaltung untersucht alle mechanischen und pneumatischen Teile der Lokomotivbremse und unterzieht sie einer strengen Funktionsprüfung, bevor die Lok erstmals aus eigener Kraft hinaus auf Probefahrt geht. Ohne amtliche Bremsenabnahme gibt's keine Probefahrt. Doch zuvor werden in der Regel die Gewichte der leeren und dann später der bevorrateten Lok im dienstbereiten Zustand festgestellt und nach endgültiger Prüfung beim Abnehmer im Betriebsbuch eingetragen.

Eine Lokomotive hat logischerweise mehrere Räder und Radsätze, um gute Laufeigenschaften, das vorbestimmte Reibungsgewicht und um eine günstige Lastverteilung auf die Schienen zu erzielen. Das Lokomotivgewicht verteilt sich auf die einzelnen Räder über Federgruppen und Achslager. Diese Art der Gewichtsverteilung ist natürlich nicht ohne weiteres statisch bestimmt. Der einzelne Radsatz trägt über Achswelle und Achslager seinen Last-Anteil in der Regel unter Zwischenschaltung von Tragfedern. Das auf der Feder ruhende Gewicht stellt ein schwingungsfähiges Gebilde dar.

Zum Tragfedersystem gehören aber auch Federspannschrauben und Ausgleichhebel, die zusammen mit den Federn zu bestimmten Stützgruppen vereinigt sind. Eine Lokomotive steht immer auf mehreren Stützgruppen, deren Mindestanzahl drei sein muß, weil die Abstützung sonst überhaupt nicht „stabil“ wäre. Bei den sehr oft verwendeten Blatt-Tragfedern treten mit der Durchbiegeveränderung ungewöhnlich hohe Reibungskräfte auf, die der jeweiligen Federungsrichtung entgegen wirken, die aber auch Schwingungen dämpfen.

In den Achslagerführungen gibt es ähnliche beträchtliche Reibungskräfte, und Sie werden sofort verstehen, warum es so schwer ist, die „richtige Achslast“ mit Hilfe der Federspannschrauben auf der Waage einzustellen. Genauso wie während der Fahrt durch die unvermeidlichen Höhenfehler in der Gleislage ununterbrochen Achslaständerungen auftreten, hat man es auch beim sogenannten „Verwiegen“ der Lok im Falle ungleichmäßigen Anhebens auf der Achsdruckwaage mit einem ähnlichen Vorgang zu tun. Sie rühren von zwei Komponenten her:

Tafelseite 83. Im Jahre 1954 wurde diese dreiachsige Diesellokomotive für Chile auf dem Esslinger Rollenprüfstand auf Herz und Nieren geprüft. (Foto. Esslingen)

Zwischenfall in der Lokfabrik: Werklok 1 der Maschinenfabrik Esslingen erlitt im Ersten Weltkrieg einen Betriebsunfall mit einem gedeckten Güterwagen der Bauart „Danzig“. (Archivfoto)

Tafelseite 84. So sah die erste Bundesbahn-Diesellok der Reihe V 200 während der Probefahrten aus: Noch „ungehobelt“ und ohne endgültige Lackierung. (Archivbild)

Last-Probefahrt der Krauss-Maffei-Diesellok ML 2200 CC. Diese Eigenentwicklung entspricht den im Mai 1957 an die Jugoslawischen Eisenbahnen gelieferten Lokomotiven. (Foto: Kraus-Maffei)

Änderung der elastischen Federkraft beim Durchbiegen und Rückwirkungen durch die unterschiedlichen Reibungskräfte.

Mancher Konstrukteur und mancher Abnahmebeamte ist schon erschrocken, als er auf der Achsdruck-Waage andere Lasten feststellte als aus der Rechnung hervorgingen. „Der Achsdruck stimmt nicht!" hat schon viele Dampflokomotivbauer blaß werden lassen und aus der Fassung gebracht. Doch die Lastverteilung einer Lokomotive ist durch deren konstruktive Gegebenheiten weitgehend festgelegt, so daß es sich bei der schwierigen Radlast-Einstellung auf der Waage im wesentlichen nur um ein Ausgleichen der Gewichtsverteilung in relativ engen Grenzen handeln kann. Das Lok-Gewicht muß insgesamt stimmen. Daran gibt's nichts zu deuteln, und es helfen dann auch keine Wiege-Kunststücke. Mindergewicht läßt sich zur Not noch mit Ballast wettmachen. Eine nicht perfekt gelungene Lastverteilung kann man auch noch durch Änderungen der Ausgleichhebel-Übersetzungen retten. Übergewicht außerhalb der zulässigen Toleranz kann jedoch zur Abnahmeverweigerung der Lok führen!

Den Lokomotivfabriken und Bahnverwaltungen stehen verschiedene Wiegeeinrichtungen zur Verfügung. Früher bediente man sich meist der sogenannten Erhardtschen Waagen. Sie waren verhältnismäßig billig, aber sie mußten einzeln unter die Räder gesetzt und tariert werden. Das kostete viel Zeit und Mühe. Die Meßgenauigkeit ließ außerdem wiederholt zu wünschen übrig. Bei den Kontroll-Skeptikern faltete sich die Stirn, und nicht selten kamen Zweifel auf. Andere Lokomotiv-Waagen, zum Beispiel von der Darmstädter Maschinenfabrik Carl Schenck, sind stationäre, auf die jeweiligen Radstände einstellbare Anlagen mit dem Vorteil exakterer Meß-Ergebnisse. Schenck-Waagen kennt man nicht nur in Deutschland, sondern auch in Frankreich und in der Sowjet-Union. Durch die Rollenkeilbacken können sogar die Räder der Lok gedreht werden, um beispielsweise bei Dampflokomotiven die Gewichte in jeder einzelnen Kurbel- und Kolbenlage zu prüfen und zu registrieren!

Setzen wir nun voraus, daß bis zu diesem Stadium der Lokomotivherstellung alles gut gegangen ist, dann gibt's das erste wichtige Papierchen, das erste amtliche Lokomotiv-Zeugnis! Gemeint ist das Lauf-Attest, das der Abnahmebeamte in der Regel nach unbeanstandeter Bremsprobe ausstellt. Damit ist nun der Weg frei zur ersten Werkprobefahrt. Die meisten Spurweiten sind sowohl in der Montagehalle einer Lokomotivfabrik und auf kürzeren Streckenabschnitten im Werkgelände friedlich nebeneinander vereint verlegt. Man kann also Lokomotiven fast aller vorkommenden Spurweiten mindestens über kleinere Entfernungen auf eigenem Grund und Boden ausprobieren. Die Montageständе in den Richthallen haben durch Schraubverbindungen veränderbare Gleisbefestigungen oder verschiebbare Schienenstühle. Schwierigkeiten beim Einrichten einer neuen Spurweite gibt's dabei nicht. Allerdings kann man eben leider keine ausgedehnten Lastfahrten über längere Entfernungen machen. Hier helfen entweder der Prüfstand oder aber die Probefahrt im Bestimmungsland. Unter glücklicheren Umständen einigt sich das Lieferwerk auch einmal mit einer privaten Bahnverwaltung, die Schmalspurgleise

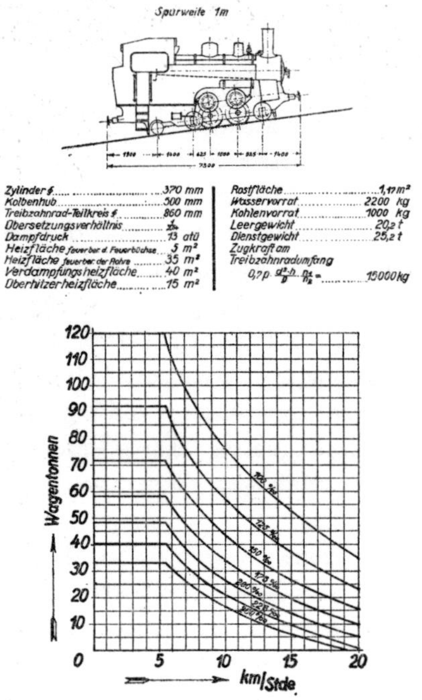

Schlepplastenkurven für eine Zahnradlokomotive auf verschiedenen Steigungen
(Zeichnung: Esslingen)

hat und deren Spurmaß der zu liefernden Lok entspricht. So werden beispeilsweise auf der Härtsfeldbahn zwischen Aalen und Dillingen (Donau) wiederholt Probe- und Lastfahrten für von der Industrie zu liefernde Auslandslokomotiven gemacht. Krupp oder die Maschinenfabrik Esslingen machten von dieser Möglichkeit gern Gebrauch.

Den ersten Werkprobefahrten folgen also Abnahme-Leerfahrten auf größeren Streckenabschnitten im Beisein des verantwortlichen Konstrukteurs, des Betriebsleiters und natürlich des Abnahmebeamten. Die letzten 82er Bundesbahnlokomotiven von der Maschinenfabrik Esslingen fuhren beispielsweise von Esslingen-Mettingen, Anschlußgleis Stuttgart-Obertürkheim, über Stuttgart-Untertürkheim zum Bahnbetriebswerk Kornwestheim und zurück zum Ausbesserungswerk Esslingen. Daß wir auf unserer 82er-Maschine nicht unbeachtet blieben, dafür sorgte der noch völlig unfertige Außenanstrich. Die Öffentlichkeit registriert ein so „unfertiges", aber dennoch neu erscheinendes Dampfroß sofort. Bei Diesellokomotiven ist das nicht anders. Die erste probefahrende V 200 durchfuhr die Bahnhöfe, mit staunendem Publikum auf den Bahnsteigen, nur im Grundanstrich. So etwas kommt mindestens bei Erstexemplaren einer Lieferserie vor. Aber das hat nicht nur seinen Grund im Zeitmangel. Man sucht erst nach Mängeln, beseitigt sie und läßt dann erst fertiglackieren.

Im Dampflokomotivbau kamen übrigens während der Probefahrten noch Indiziereinrichtungen hinzu. Von vielen neu entwickelten Dampflokomotiven sind nämlich noch die Indikator-Diagramme fein säuberlich aufgezeichnet und

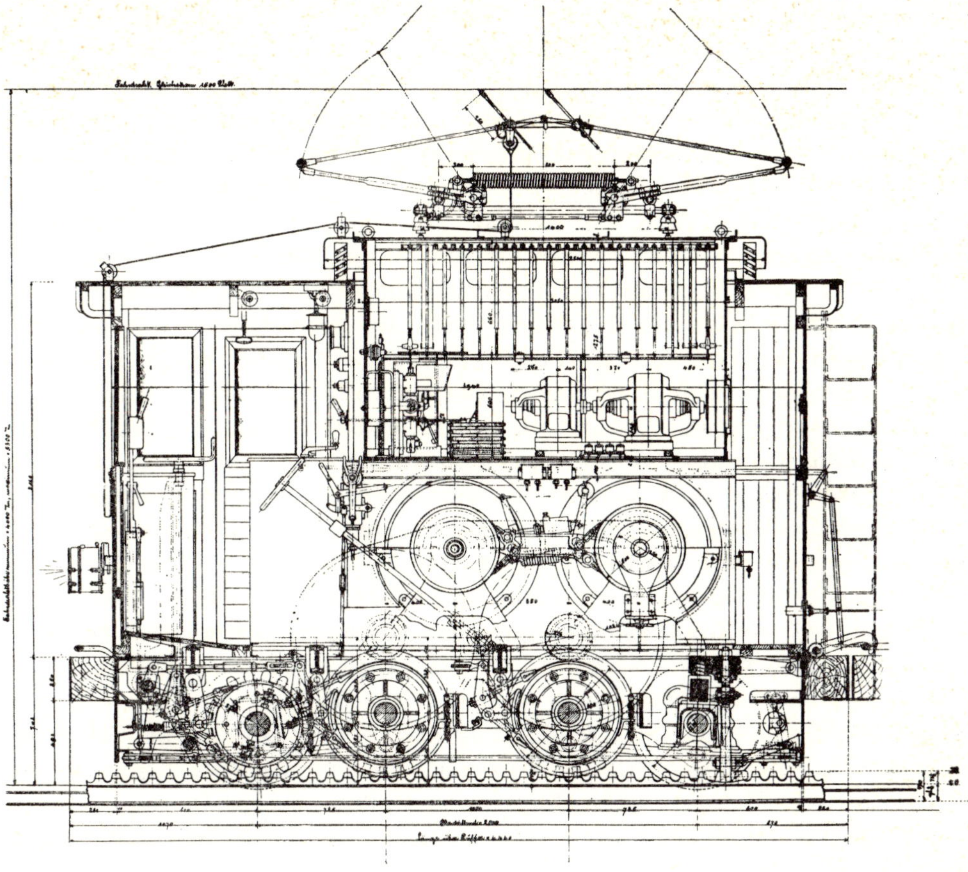

Schnittbild einer elektrischen Zahnradlokomotive für die Wendelsteinbahn
(Zeichnung: Esslingen)

beurteilt worden. Füllung, Expansion, Vorausströmung und Kompression sind die Charakteristika des Funktionierens der Dampfmaschine, und schließlich kann man durch Ausplanimetrieren der Indikator-Diagramme noch Rückschlüsse auf Dampfverbrauch und die indizierte Leistung ziehen. Die kennzeichnenden Punkte des Dampfdruckschaubildes werden durch die Ausströmdeckung, die Einströmdeckung und das sogenannte lineare Voreilen bestimmt. Der schädliche Raum im Dampfzylinder wird möglichst knapp bemessen. Er bertrug bei Kolbenschiebersteuerungen etwa 10%. Diese kurz umrissene Dampfmaschinentechnik ist hier nur stichwortartig angedeutet, um zu zeigen, daß Dampflok-Untersuchungen durchaus ihre „spannende" und wissenschaftliche Seite haben.

Während der Probefahrt ist zunächst bei vollausgelegter Steuerung, aber stark gedrosseltem Regler zu fahren, damit sich alle Führungen in voller Länge gut einlaufen. Hin und wieder ist ein Halt einzulegen, um die Lagererwärmung zu prüfen. Erst wenn sich keine diesbezüglichen Mängel zeigen, kann die Geschwindigkeit bis zum Maximum gesteigert werden.

Wie bei Dampflokomotiven, so kann auch bei Diesel- und Elektrolokomotiven das i-Tüpfelchen der Abnahme-Prüfung erst bei der Leistungsprüfung und Betriebsprobefahrt gesetzt werden. Eine Prüfung auf Schleppleistung, das Garantieren bestimmter Fahrzeiten oder die Kontrolle des gewährleisteten Betriebsstoffverbrauches kann nur durch eine besondere Betriebsprobefahrt, die sogenannte Lastfahrt, erfolgen. Vielfach werden fahrplanmäßige Reise- oder Güterzüge für die Abnahme-Lastfahrten vorgesehen, wobei nicht gerade die harmlosesten Strekken ausgesucht werden. Die Geislinger Steige, die Schwarzwaldbahn oder eine Ruhr-Sieg-Strecke kommen oft in Frage. Nur wenn es um ausgesprochene Schnellfahrversuche geht, sind andere Linien im Gespräch. Bei Zahnradlokomotiven wird es dann schwierig, wenn es sich um die Lok für eine in der Werksnähe nicht vorhandene Zahnstangenbauart und Spurweite handelt. Da kann man eben das Zahnradtriebwerk nur im Leerlauf durchprobieren und die Leistungsfähigkeit sowie das Betriebsverhalten erst am Einsatzort auf Herz und Nieren testen. Da hatten es beispielsweise Brown, Boveri & Cie. in Mannheim mit der Inbetriebnahme ihrer 1949 gebauten beiden elektrischen Zahnradlokomotiven leichter. Die Rheinische AG für Braunkohlenbergbau und Brikettfabrikation in Köln hatte damals für einen Gruben-Neuaufschluß zwei Gleichstrom-Zahnradlokomotiven für 900-mm-Spur und einlamelliger Abt-Zahnstange bestellt. Die elektrische Ausrüstung, ihr Einbau in das Fahrzeug und die gesamte Konstruktion des Fahrzeugteiles besorgte BBC. Lediglich die Fertigung des Fahrzeugteiles wurde an die Krauss-Maffei AG vergeben. Die Probefahrten konnten im Lande, am Einsatzort in der Nähe von Köln absolviert werden. Man beförderte zuerst einen 290-t-Zug die 80-Promille-Steilrampe hinauf und bremste ihn wiederholt (mit elektrischer Rückhalte-Bremse) zu Tal. Solche Prüffahrten wären in einer Lokomotivfabrik oder auf einem Rollen-Prüfstand nicht möglich.

Manchmal verlaufen die Probefahrten nicht ganz reibungslos und glatt. Heißläufer, Zapfen- oder Stangenbrüche machen den Beteiligten schon manchmal die Hölle heiß. Aber im Endeffekt ging meist doch alles gut. Und in den Lokomotivbau-Büros erscheint zuvor die ganze Welt als ein einziges Jammertal. Jede aufregende Spannung erhellt sich einmal in freudige Gelöstheit, und so sind Lok-Werkstätten und Konstruktionsbüros ein Fegefeuer besonderer Art. Zufriedene Kunde „Die Lok ist abgenommen“ macht die Erde plötzlich licht und heiter. Die miese Stimmung wird von einer „positiven Weltanschauung“ verjagt! Der Geist wird wieder hellwach und die gewohnte Tatkraft regt sich von neuem!

Nach der Probefahrt kommen noch ein paar routinehafte Feinheiten, mit denen sich vorwiegend die Maler und Lackierer zu beschäftigen haben. Manchmal werden noch im Zusammenhang mit der mehr oder weniger umstrittenen Farbgebung Anstrichproben in verschiedenen Akzentuierungen verlangt. Manchmal wird — wie vor längerer Zeit — bei den elektrischen Bundesbahn-Lokomotiven E 10 (110) für das Äußere der Brückenrahmen versuchsweise hellgraue, statt schwarze Lackierung gewünscht, und so kommt es, daß die Maler beispielsweise auch bei Überpinselung eines reparierten oder ausgetauschten Schadteiles auf der Lok noch mit Pinsel und Farbtopf aus dem Werk hinausfahren müssen, um erst beim nächsten Halt die Rückkehr in die Lokfabrik antreten zu können.

Bei „Muster-Exemplaren“ von Rang wird die offizielle Lok-Übergabe an den Besteller natürlich ein bißchen „würdevoller“ und vornehmer vollzogen.

Die AEG, bis 1945 einziges Elektro-Großunternehmen Deutschlands mit Lokomotivfertigung für komplette Dampf- und Elektro-Lokomotiven, arrangierte am 15. Dezember 1938 mit der Übergabe ihrer 5000. elektrischen Lokomotive, der E 19 01, eine prächtige Feier. Der Chef der AEG-Lokomotivfabrik Hennigsdorf, Regierungsbaurat a. D. Kleinow, übergab die E 19 01 — schnellste elektrische Lok der Welt jener Zeit — dem geschäftsführenden Staatssekretär im Reichsverkehrsministerium und stellvertretenden Generaldirektor der Deutschen Reichsbahn, Kleinmann. An der Übergabe-Zeremonie durfte auch die gesamte Belegschaft des Werkes teilnehmen.

Am 11. Februar 1965 gab wiederum eine der schnellsten elektrischen Lokomotiven Anlaß zu einem Fest. Der Vorsitzende des Aufsichtsrates der Henschel-Werke AG, Kassel, und Generaldirektor der Rheinischen Stahlwerke, Essen, Diplom-Kaufmann Söhngen, übergab die stolze E 03 001 im Namen von Henschel und Siemens an den ersten Präsidenten der Deutschen Bundesbahn, Prof. Dr. Oeftering.

Am 24. 9. 1963 wurde der Bauauftrag der vier E 03-Lokomotiven an Henschel und Siemens vergeben, der Bau begann am 1. 3. 1964, und die erste Lok dieser Kleinserie war am 11. 2. 1965 übergabe- und betriebsbereit.

Bei solchen Gelegenheiten spiegeln sich immer wieder Stolz und ansehnliche Erfolgsbilanzen vieler Lokomotivfabriken, wobei an europäischen Verhältnissen gemessen, der Anteil amerikanischer Giganten alles überschattet. Allein die Baldwin-Lokomotivwerke in Philadelphia hatten nach ihrem hundertjährigen Bestehen im Jahre 1932 bereits 62 000 (!) Lokomotiven aller Größen gebaut. In der europäischen Lokomotiv-Industrie sind solche Lieferzahlen nie erreicht worden. Immerhin gab es in der Ellok-Branche beträchtliche Lieferzahlen, für die das Lokomotiv-Werk der AEG, das nach 1945 an die DDR fiel, ein Beispiel ist. In knapp 50 Jahren baute die AEG 5000 vollständige elektrische Lokomotiven für alle Verwendungszwecke. Die viertausendste Lok, eine E 17, ging im Jahre 1928 an die Deutsche Reichsbahn, und von der fünftausendsten, der E 19 01, sprachen wir schon. Nach Beendigung des Zweiten Weltkrieges haben sich im Ellok-, aber auch im Diesellokbau neue Techniken und neue Begriffe eine Position geschaffen, die dem interessierten Laien vielfach noch böhmische Dörfer bedeuten. Daß in der konventionellen Elektrotechnik mit Relais, Schütz oder Maschinenumformer gearbeitet wird, kann sich jeder vorstellen. Daß diese Geräte aber mit der Trägheit der Masse und des magnetischen Feldes behaftet sind und relativ viel Platz für den Einbau erfordern, ist schon weniger bekannt. Die kinetische und magnetische Trägheit ließen es nicht zu, jene elektrischen Geräte zu Zustandsänderungen des elektrischen Stromes heranzuziehen, wenn es darum ging, extrem kurze Änderungszeiten zur Bedingung zu machen. Erst die konsequente Anwendung der Elektronik vermochte es, die erwähnten Vorgänge von der Trägheit bewegter Kontakte und des magnetischen Feldes frei zu machen. Man benutzte das Elektron als Träger des elektrischen Stromes unmittelbar, um gewisse Wirkungen zu erzielen. Die Grenzschicht- und Halbleitertechnik schuf weitere grundlegende Erkenntnisse, und so können wir heute mit der Elektronik von der Lehre der Steuerung der Elektronen nach Richtung und Geschwindigkeit bei der Leitung im Vakuum, in Gasen oder in Halbleitern sprechen. Unentbehrliche Hilfsmittel im Ellok-Bau sind nun der Einkristall-Halbleiter-Gleichrichter (Diode), der für kleine Steuerströme geeignete Verstärker großer Leistungen (Transistor) und der in Transistor-Technik weiterentwickelte Thyristor.

Damit sind wir an einer Konstruktionsstufe angekommen, die sowohl die Konzeption modernster Schienentriebfahrzeuge als auch die Abnahme- und Erprobungsverfahren gründlich beeinflussen und verändern.

Meßfahrten und Versuche

Schnell, schneller, am schnellsten —
Versuchs- und Vorführfahrten — Erprobungsbauarten —
In der Klima-Kammer — Vor dem Einsatz noch zur Ausstellung

Am 30. September 1935 führte die britische London and North Eastern Railway einen Vierstunden-Schnelldienst zwischen London King's Cross und Newcastle einschließlich eines Zwischenhaltes in Darlington ein. Für die 432 km lange Strecke mit verschiedenen Steigungen hatte man leistungsfähige 2'C 1'-Lokomotiven vorgesehen, die einen „Schnitt" von etwa 108 km/h herausfahren mußten, wobei noch Langsamfahrstellen mit Geschwindigkeitsbeschränkungen bis herab zu 25 km/h und 16 km/h enthalten waren. Man mußte also die Lokomotivleistung so gut wie nur technisch möglich ausnutzen. Untersuchungen im Hinblick auf den Fahrwiderstand führten zur Stromlinienverkleidung. Die Deutsche Reichsbahn führte in der ersten Hälfte der dreißiger Jahre zusammen mit den Borsig-Lokomotivwerken Vergleichsversuche mit einer unverkleideten 03-Lokomotive und der Lok 03 193 in Stromlinienform durch. Die Meßkurven wurden auf Grund der bei Probeläufen gewonnenen Meßpunkte bis 140 km/h aufgezeichnet und bis 160 km/h extrapoliert. Im Versuch erkannten die Konstrukteure und Betriebspraktiker, daß die Stromlinienverkleidung bereits bei etwa 120 km/h den beachtlichen Gewinn von 290 PS brachte. Bei 140 km/h kamen 385 PS Mehrleistung am Zughaken heraus. Die im praktischen Betrieb erzielbaren Gewinne sind natürlich davon abhängig, für welche Zeitdauer die jeweils zugelassene Maximalgeschwindigkeit auch wirklich aufrechterhalten werden darf. Nicht alle Linien sind „Rennstrecken"!

Diejenige aerodynamische Form, die sich zum Beispiel als beste im Luftverkehr herauskristallisiert hat, ist nicht unbedingt auch die beste für eine Lokomotive oder einen ganzen Zug. Flugzeuge bewegen sich im freien Raum, und die Wirkung von leichten Luftströmungen (Winde) aus verschiedenen Richtungen wird durch die hohe Fluggeschwindigkeit nahezu und gewissermaßen „neutralisiert". Eisenbahnzüge folgen dem Gleis, dementsprechend gibt es anders geartete konstruktive Konsequenzen. Englische Ingenieure der London and North Eastern Railway untersuchten in den dreißiger Jahren „ihre" Stromlinienform nach folgenden Gesichtspunkten:

1. Verminderung des Widerstandes der Lokomotivstirnfläche,
2. Luftstromführung mit Hochtreiben von Dampf und Rauch,
3. Verringerung der Wirbelbildung,
4. Vermeidung der Sichtbehinderung, freier Ausblick auf die Strecke.

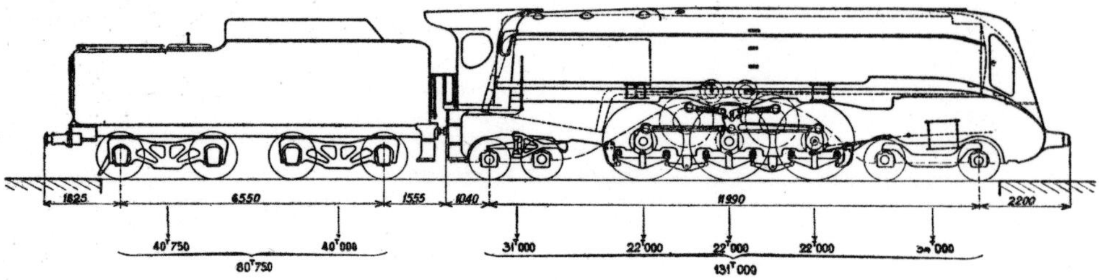

Das Office Central d'Etudes de Matériel des Chemins de fer (OCEM) hatte in den dreißiger Jahren für die Französischen Eisenbahnen eine Stromlinienlokomotive mit dreifacher Dampfdehnung konstruktiv untersucht. Hier ist das Projektbild dieser für 140 km/h Gleschwindigkeit ausgelegten 2'C 2'-Lokomotive. (Archivbild)

Ein schräg zur Fahrtrichtung auf die Lokomotive treffender Luftstrom verursacht einen Druckanstieg auf der „Luv"-Seite des Kessels, jedoch eine Druckminderung auf der „Lee"-Seite der Lokomotive. Jeder wird sich vorstellen können, daß die Rauch- und Dampffahne der Lok ins Unterdruckgebiet abströmt und dem Lokpersonal die Sicht versperren kann. Sir Nigel Gresley, Chief Mechanical Engineer der LNER, hatte sich damals sehr mit solchen Strömungsuntersuchungen befaßt und zunächst vier Lokomotiven mit Stromlinienverkleidung und Pazifik-Achsfolge bauen lassen. Die „Silver Link" (2'C 1'h3) war die erste dieser Art für die Verkehrsbeziehung London — Newcastle. Sie wurde in Doncaster hergestellt und bediente die gesamte 432-km-Distanz mit dem berühmten Zug „Silver Jubilee", der seinen Namen im Hinblick auf das 25jährige Regierungsjubiläum von König Georg erhielt. Die Lok Nr. 2509 „Silver Link" bereitete bereits mit ihren sensationellen Leistungen den Ruhm der berühmten Lok-Klasse A 4 vor. Die Lok Nr. 4468 „Mallard" erreichte 1938 eine Spitzengeschwindigkeit von 202 km/h.

Die Konstrukteure hatten natürlich nicht nur reine Freude an solchen „Super-Fahrzeugen". Eine Dampflokomtive war ja nicht gerade für die Stromschale prädestiniert. Alles das, was die Leute des Fahrbetriebes und Unterhaltungsdienstes schätzten, nämlich gute Zugänglichkeit und Ausbaumöglichkeiten wichtiger Teile, vereitelte eigentlich die Blechabdeckung. Klappen, Rolläden, Türen, Öffnungen, halboffene Triebwerke machten solche Lokomotiven nicht gerade zu Schönheitsköniginnen. Trotzdem eiferten viele Bahnverwaltungen den englischen, deutschen, amerikanischen und französischen Stromlinien-Lokomotiv-Konstrukteuren nach. In einem gewissen Sinne ging es ja — wenn auch nur nebenbei — um Renommier-Triebfahrzeuge für Prestige-Züge. Der seinerzeitige Chefingenieur der Ungarischen Staatseisenbahnen, Cornelius Laner von Orsova, entwickelte beispielsweise eine 2'B 2'-Stromlinien-Tenderlokomotive. Am 22. Mai 1937 kamen dann zwei solcher, von den Königlich-Ungarischen staatlichen Eisenwerken in Budapest gebauten „Renner" zwischen Budapest und Miskolc in den Plandienst. Versuchsfahrten ergaben Geschwindigkeits-Maxima in der Größen-

Tafelseite 93: Heißdampflokomotive, Fabrik-Nr. 4052 der Maschinenfabrik Esslingen, mit montierter Indikator-Einrichtung. Der Abnahmebeamte prüft gerade die Verschleißfreiheit im Schiebertriebwerk. Dabei wird die Steuerung voll ausgelegt und der Voreilhebel von der Lenkerstange gelöst. Durch leichtes Hin- und Herbewegen des Voreilhebels lassen sich alle unerwünschten Verschleißstellen im Kolbenschieber-Antrieb erkennen. Mit einem Blick durch das Schiebergehäuse-Schauloch kann die jeweilige Schieberstellung beobachtet werden.
(Archivbild)

Die von Esslingen erbaute Zahnradlokomotive 97 502 mit angebauter Indizier-Vorrichtung während einer Meßfahrt (Foto: Esslingen)

Tafelseite 94. Nach der Probefahrt einer italienischen Innenzylinder-Lokomotive, Reihe 625: Prüfung aller Antriebs und Steuerungsgestängelager auf Erwärmung (Foto: Messerschmidt)

Die Lokomotive als „Filmstar". Hier postiert sich gerade der Kameramann auf der seitlich angehängten Plattform, um eine in Esslingen soeben fertiggewordene Lok (52 1466) zunächst einmal „filmischen Zwecken" zuzuführen. (Archivbild)

Tafelseite 95: Bundesbahn-Lok 23 077 im Jahre 1957 fertig zur Werkprobefahrt. Auf dem Führerstand der Autor des Buches (Werkbild)

Tafelseite 96. Nach Entwicklung und funktionellem Zusammenbau der 2′C 2′-Diesellok mit pneumatischer Kraftübertragung fanden erste Untersuchungsfahrten auf dem Fabrikhof in Esslingen statt. Jene Lok wurde später von der Deutschen Reichsbahn mit der Betriebsnummer V 32 01 übernommen. (Archivfoto)

Eine der äußerlich noch „unfertigen" TALGO-III-Diesellokomotiven mit Normalspur-Drehgestellen auf Probefahrt in Deutschland (Foto: Krauss-Maffei)

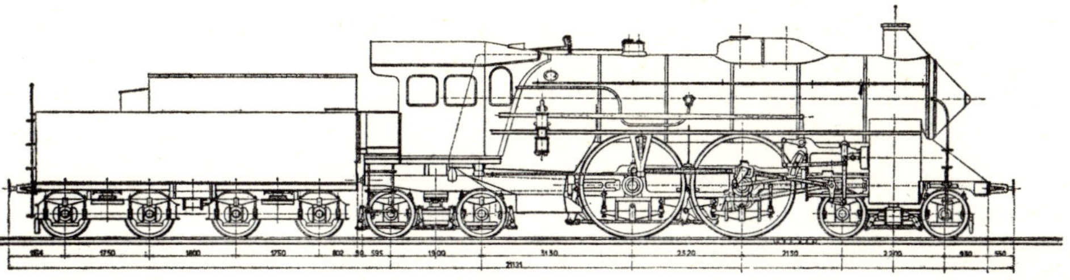

Konstruktionsbild der Vierzylinder-Verbund-Schnellfahrlokomotive S 2/6 für die damalige Bayerische Staatsbahn (Zeichnung: J. A. Maffei)

ordnung von 153 und 161 km/h. Die mit 2000 mm Kuppelraddurchmesser ausgestatteten Lokomotiven fuhren im Diestplan meist nicht über 120 km/h.

Stromlinien-Bauarten waren bei Serien-Dampflokomotiven mit zulässigen Fahrgeschwindigkeiten bis zu 130 km/h oder 140 km/h mehrfach umstritten. Die Werkstätten schätzten sie nicht. Die Unterhaltung verteuerte sich, und schließlich brachte eine Stahlblech-Verkleidung auch noch Mehrgewicht. Die Stromlinien-Bekleidung der Borsigschen 05-Lokomotive wog beispielsweise sage und schreibe fünf Tonnen. Das entspricht fast dem Gewicht eines zweiachsigen Tender-Drehgestelles einschließlich Radsätzen! Nicht nur in Deutschland fielen nach dem Zweiten Weltkrieg die „Kleider" von den Lokomotiven. Die Engländer „entkleideten" beispielsweise ihre Pazifiks der „West Country"-Klasse, die Italienischen Staatsbahnen ließen ihre Stromlinien-691er (Erprobungsgeschwindigkeiten bis 150 km/h) verschwinden, und manche anderen Bahnen folgten solchen Beispielen um so mehr, je schneller der elektrische und verbrennungsmotorische Bahnbetrieb vordrang.

Dr.-Ing. e. h. Robert Garbe, Geheimer Baurat und Mitglied des Eisenbahn-Zentralamtes Berlin, hielt noch im Jahre 1919 nichts vom „Geschwindigkeitstaumel". Temperamentvoll ereiferte er sich in seinem Lehrbuch „Dampflokomotiven der Gegenwart" im Schlußkapitel: „Fort mit dem Gedanken an Geschwindigkeiten von auf Schienen rollenden Ungeheuern von 120 000 bis 150 000 kg Gewicht, die etwa ebenso viel Wagengewicht in noch schnellerem Fluge mit sich reißen sollen als der beste Vogel in freier Luft!" und dann „Vielleicht könnte es besonders kühnen und geschickten Lokführern sogar glücken, auf einem entsprechenden Gefälle diese tolle Geschwindigkeit von 150 km/h für einige, sagen wir, drei Minuten, mit größter Anstrengung von Kessel und Maschine auch aufrechtzuerhalten. Der derartig beschleunigte Zug würde dann in diesen drei Minuten 7,5 Kilometer durchflogen haben, und die Luftgeschwindigkeit eines stärksten Orkans wäre somit glücklich erreicht! . . . Ein erträglich wirtschaftlicher Betrieb hat damit völlig aufgehört, und die weiter erreichten Höchstgeschwindigkeiten werden nicht nur überaus teuer erkauft, sondern auch die Lokomotive wird durch die eintretende Kohlenverschleuderung und übergroße

Beanspruchung aller Gangteile in kurzer Zeit für längere Fahrt untauglich gemacht." Garbe appellierte also an den gesunden Menschenverstand der Konstrukteure und mißbilligte die Maffei-2'B 2'h4v-Schnellfahrlokomotive S 2/6 der Bayerischen Staatsbahn des Jahres 1906 so: „... hat es mich, bei aller Anerkennung der Arbeit, sehr befremdet, daß bei den gegenwärtigen Erfahrungen, die mit Anwendung von hocherhitztem Dampf gemacht worden sind, noch möglich gewesen ist, von einem Schaustück wie dieser Riesenlokomotive einen wirklich gesunden Fortschritt für den Schnellzugbetrieb ernstlich zu erwarten."

Robert Garbe, Verfechter der Heißdampflokomotive mit einstufiger Dampfdehnung, berücksichtigte die Verhältnisse zu seiner Zeit. Und immerhin betrug noch im Jahre 1934 die Höchstgeschwindigkeit der Dampflokomotive im fahrplanmäßigen Verkehr der Deutschen Reichsbahn nicht mehr als 120 km/h. Trotzdem hatte Garbe die Möglichkeiten des Schnellstverkehrs auf der Schiene wohl ein bißchen unterschätzt — selbst wenn er das „nur" als Dampflokomotiv-Ingenieur betrachtete. Auch für die elektrische Zugförderung waren Dampflokomotiv-Schnellfahrten — so teuer sie auch erkauft wurden — von großem Wert. Die Lokomotiv- und Gleisbauer lernten daraus. Brems- und Sicherheitseinrichtungen erfuhren Verbesserungen nach neuen Maßstäben. Neben der Spurführung gehörte zum Problemkreis auch das Spurspiel. Die Sache der Form wurde plötzlich keine bloße Formsache mehr: Luftströmungen, Achslagerverhalten und Streckensicht sprachen zunehmend mit. Und man besann sich wieder auf den Physik-Unterricht der Schule, wo man lernte, daß der Luftwiderstand bei höheren Geschwindigkeiten quadratisch zunimmt. Formgestaltung und Vortriebsleistung waren demzufolge von einer zusätzlichen Einflußgröße abhängig.

Eisenbahnverwaltungen nahmen die Sache später sehr ernst. Davon zeugt ein Versuchsfahrt-Protokoll aus Englands Schnellzug-Geschichte:

Versuchsfahrt am 27. September 1935
mit Lokomotive Nr. 2509 „Silver Link" (Lokführer Taylor, Lokheizer Luty)
und Sieben-Wagen-Versuchszug von 233 t Anhängelast

Kilometer km	Station		Fahrzeit Min.	Sek.	Erreichte Höchstgeschwindigkeit km/h
0	KINGS CROSS	(Abfahrt)	0	0	—
4,04	Finsbury Park	(Durchfahrt)	4	42	—
6,52	Hornsey	„	6	22	—
8,00	Wood Green	„	7	11	112,7
10,36	New Southgate	„	8	26	115,1
14,73	New Barnet	„	10	43	115,9
17,02	Hadley Wood	„	11	53	119,1
20,46	Potter's Bar	„	13	36	120,7
23,56	Brookmann's Park	„	15	00	—
28,46	HATFIELD	„	17	07	—
32,69	Welwin Garden City	„	18	46	157,7

Kilometer km	Station		Fahrzeit Min.	Sek.	Erreichte Höchstgeschwindigkeit km/h
35,40	Welwin North	„	19	52	144,8
37,80	Woolmer Green	„	20	52	141,6
40,29	Knebworth	„	21	55	150,5
45,99	Stevenage	„	24	13	144,8
48,28	Meilenstein 30	„	25	06	160,9
51,38	HITCHIN	„	26	14	172,2
57,45	Three Counties	„	28	20	176,2
59,60	Arlesey	„	29	03	180,2
66,22	Biggleswade	„	31	22	168,9
71,01	Sandy	„	32	59	180,2
76,46	Tempsford	„	34	50	176,2
83,24	St. Neot's	„	37	13	168,2
88,51	Meilenstein 55	„	39	03	176,2
90,03	Offord	„	39	41	136,8
94,75	HUNTINGDON	„	41	41	141,6
99,78	Meilenstein 62	„	43	53	134,4
102,23	Abbot's Ripton	„	44	58	—
111,63	Holme	„	48	50	150,5
116,84	Yaxley	„	51	08	129,6
120,66	Fletton Junction	„	52	55	—
122,89	PETERBOROUGH	„	55	02	32,2
127,94	Werrington Junction	„	59	07	—
136,53	Tallington	„	63	13	136,8
142,67	Essendine	„	65	58	—
148,42	Little Bytham	„	70	35	—
156,20	Corby	„	77	49	—
161,11	Stoke Box	„	80	51	—
164,75	Great Ponton	„	82	23	—
169,72	GRANTHAM	(Ankunft)	88	15	—

Die mit 112 Meilen pro Stunde (180,2 km/h ermittelte höchste Fahrgeschwindigkeit wurde zweimal erreicht. Auf der anhaltenden Steigung von 1 : 200 zwischen Wood Green und Potter's Bar konnten die Geschwindigkeiten in den Grenzen von 113 und 121 km/h gehalten werden. Die Verzögerung bei Peterborough wurde durch Haltsignal verursacht.

Diese Wechselspiele von „Geschwindigkeitsrausch", Experten-Neugier, Spezialentwicklung und Versuch haben eben dazu beigetragen, die 200-km/h-Grenze auf der Schiene von der Utopie in die Realität zu verwandeln. Freilich, lange genug hat's ja gedauert. Lange bevor das erste Flugzeug sich anschickte, die Lüfte zu durchfliegen, glaubte der fortschrittstrunkene Mensch, daß bereits die Eisenbahn ihm Flügel verliehen habe. Das Flügelrad wurde eines der Symbole der Eisenbahn! Schnell, schneller, am schnellsten war eine Steigerung, deren letzte Stufe sehr schwer erkämpft wurde. Bei 160 km/h sahen sich die Lokomotivbauer gleichsam einer „Schallmauer der Eisenbahn" gegenüber. Bis dahin reichten die konventionellen technischen Mittel für Triebfahrzeuge und Anlagen gerade noch aus, um Betriebssicherheit zu gewährleisten.

Es war — nachdem die elektrische Lokomotive hoher Leistung zur Verfügung stand — gar nicht so sehr eine Frage von Antrieb und Kraftübertragung, die Schlimmes befürchten ließ. Von größerer Bedeutung war bei Schnellfahrlokomotiven die Möglichkeit, elektrisch zu bremsen. Man mußte den konservativen Klotz- oder Scheibenbremsen immerhin soviel Bremsenergie abnehmen, daß keine Wärmerisse und kein durch Hitzeentwicklung entstehender Verschleiß an den Bremsorganen auftreten kann. Mechanische Arbeit muß also in Umkehrung des Antriebsvorganges in elektrische zurückgewandelt werden, die beispielsweise in Widerständen vernichtet oder in die Fahrleitung zurückgespeist wird. Die Wirkung der elektrischen Bremsen dieser Art beruht demnach auf dem üblichen generatorischen Verhalten fremd erregter, angetriebener Motoranker. Das wichtigste Kapitel einer elektrischen Schnellfahrlokomotive stellt aber wohl die sichere und zuverlässige Stromabnahme dar. Vergessen wir nicht, daß ein Kontaktschleifstück am Fahrdraht bei 200 km/h Geschwindigkeit in jeder Sekunde etwa 55 Meter zurücklegt und auch bei Höchstgeschwindigkeit ein Strom weit über 500 Ampere funkenfrei über den „rasenden Berührungspunkt“ fließen soll! Das dynamische Zusammenspiel von Fahrdraht und Schleifstück war am Reißbrett nicht zu lösen. Hier halfen nur Meßfahrten auf die Sprünge.

Eine visuelle Aufnahme der außerhalb der Lok an der Strecke angeordneten Licht- und Formsignale ist für den Lokführer bei derartigen Geschwindigkeiten unzumutbar. Hier mußten Signalbilder her, die auf dem Führerstand selbst erscheinen und den Führer zum Eingreifen veranlassen oder über eine Teil- oder Vollautomatik selbst in das Fahrverhalten des Zuges eingreifen. Solche Funktionen waren über die induktive Zugbeeinflussung abzuwickeln, wobei die Lok sozusagen von „Punkt zu Punkt“ weitergereicht wurde und die für sie jeweils gültige Information vorfand. Zur kontinuierlichen Übertragung der Signalbilder über ein Leitkabel war gedanklich kein überwältigender Schritt mehr. Bei konventionellen elektrischen Lokomotiven hatte der Lokführer die Zugkraft der Motoren und die Geschwindigkeit des Zuges — je nach Zuggewicht und Streckensituation — mit Hilfe des Fahrschalters selbst zu regeln. Dieses Prinzip zu durchbrechen hieß auch, die „Eisenbahn-Schallmauer“ überwinden. Es gelang mit elektronischer Geschwindigkeitsregelung und Bremssteuerung. In einer modernen Schnellfahrlokomotive braucht der Lokführer nach dem Anfahren sein Handrad nur noch auf die vorgeschriebene Geschwindigkeit einzustellen. Die Elektronik sorgt für die günstigste Beschleunigung und die Konstanthaltung des Tempos! Das ist kein Hexenwerk, sondern das Ergebnis umfangreicher Konstruktions- und Versuchsarbeit von Spezialisten, die sich allerdings nicht nur aus „reinrassigen“ Lokomotivkonstrukteuren, sondern vor allem aus Elektrotechnikern des Fernmelde- und Signalwesens sowie aus Kybernetikern und Fahrdynamikern rekrutieren.

Die Diesellokomotive hat es relativ schwer, im Reigen der Schnellen mitzuhalten. Das liegt in erster Linie wohl daran, daß eine Diesellok genau wie die Dampflok ihr „Kraftwerk“ selbst mitführen muß. Die für 160 km/h ausgelegte deutsche Riesen-Diesellok V 320 (jetzt Reihe 232) mit rund 4000 PS Motorenleistung kann bei einer entsprechenden Änderung der Übersetzungen zwar auch für 180 km/h hergerichtet werden, aber im Hinblick auf Eigengewicht, Leistung und Aufwand ging hierbei die Rechnung nicht auf. Die Lok blieb eine Einzelgängerin. Dieseltriebwagen oder -triebzug haben es leichter, weil die Gewichtsfrage zu lösen und die Leistung bei — allerdings begrenztem — Sitzplatzangebot unterzubringen ist. Die Frage nach der Zweckmäßigkeit und Wirtschaftlichkeit ist ein ständiger Prüfstein für die Lokomotivkonstrukteure.

Was sie bisher zum Thema „Schnell, schneller, am schnellsten" erreicht haben, soll die folgende Übersicht wenigstens ungefähr umreißen:

Schnellfahrten mit Dampflokomotiven

10. Mai 1893	Eine 2'B-Dampflok, Betriebsnummer 999, der New York Central & Hudson River Railroad erreichte zwischen Rochester und Buffalo mit einem Vier-Wagen-Zug die mit Stoppuhren gemessene Geschwindigkeit von 186,9 km/h.
24. Oktober 1895	Eine 2'C-Dampflokomotive, Betriebsnummer 564, der Lake Shore and Michigan Southern-Bahn (Erbauer der Lok: Brooks, Dunkirk, 1891) fuhr zwischen Erie (Pa.) und Buffalo (N. Y.) mit einem Drei-Wagen-Zug die gestoppte Geschwindigkeit von 149,3 km/h.
8. April 1906	Eine 1'C 1'-Dampflokomotive der Lake Shore and Southern-Eisenbahn erzielte mit dem aus sechs Wagen bestehenden „Twentieth Century Limited"-Expreß zwischen Cleveland und Toledo eine Höchstgeschwindigkeit von 153,6 km/h (Tachometer-Anzeige 96 Meilen pro Stunde).
11. Mai 1936	Die Borsig-Stromlinien-Dampflokomotive 05 002 fährt zwischen Hamburg und Berlin mit einem Vier-Wagen-Zug (200 t) einen Geschwindigkeitsrekord mit über 200 km/h. Die exakte Auswertung des Meßstreifens ergab 200,4 km/h.
Am 3. Juli 1938	erreichte die 2'C 1'-Stromlinien-Dampflokomotive Nr. 4468 (Klasse A4) der London and North Eastern Railway mit 244-t-Zug den Geschwindigkeitsrekord von 202,77 km/h bei Little Bytham.
März 1946	Lok 6100 der Pennsylvania Railroad mit Schnellzug „The Trail Blazer" fährt inoffiziellen Weltrekord für Dampflokomotiven: 226 km/h!

Schnellfahrten mit elektrischen Lokomotiven

28. Juni 1933	1'Co1'-Schnellzuglokomotive E 04 09 der Deutschen Reichsbahn (Erbauer der Lok: AEG) erzielt zwischen München und Stuttgart mit 309-t-Zug ein Geschwindigkeitsmaximum von 151,5 km/h.
18. Juni 1935	Die von der AEG entwickelte elektrische 1'Do1'-Lokomotive E 18 01 der Deutschen Reichsbahn erreicht auf einer Probefahrt zwischen München und Stuttgart mit einem Zehn-Wagenzug (400 t) eine Höchstgeschwindigkeit von 165 km/h. Im Jahre 1940 fährt die weiterentwickelte Bauart, E 19 01, mit 300-t-Zug einen Rekord von 201 km/h.
28. März 1955	Die Französischen Nationalbahnen fahren mit der Alsthom-Ellok CC 7107 vor Drei-Wagen-Zug (101 t) zwischen Bordeaux und Dax einen Weltrekord von 331 km/h.
29. März 1955	Die Französischen Staatsbahnen (SNCF) fahren mit ihrer von Le Creusot, Schneider-Westinghouse und Jeumont erbauten Ellok BB 9004 mit gleicher Anhängelast ebenfalls bis zur 331-km/h-Grenze.
8. November 1967	Die Italienischen Staatsbahnen (FS) veranstalten mit der Savigliano-Ellok E 444.001 eine Presse- und Vorführfahrt zwischen Rom und Neapel. Erreichte Höchstgeschwindigkeit nahe bei 210 km/h.

Schnellfahrten mit Sonderschienenfahrzeugen

22. Januar 1969	Auf dem Versuchsgelände in Gometz erreicht ein Luftkissen-Zug (Aerotrain) mit Strahlturbinenantrieb eine „Spitze“ von 425 km/h.

Am bemerkenswertesten aller Versuchsfahrten bleiben vorläufig noch die französischen des Jahres 1955, bei denen es gelang, mit nur geringfügig geänderten Serienlokomotiven Geschwindigkeiten von über 300 km/h zu fahren, von denen noch ein Jahr vorher kein Lokomotivkonstrukteur zu träumen wagte. Und doch waren umfangreiche Vorbereitungen notwendig, um System und Betriebssicherheit in das Vorhaben hineinzubringen. Man entschied sich für zwei Serienlokomotiven, wobei es sich nur um die Frage handelte, ob die zur Verfügung stehenden Leistungen der CC- und BB-Lokomotive ausreichen würden, um die schon vorher mit einem 111-t-Zug zwischen Dijon und Beaune erzielten Geschwindigkeiten von 165, 185, 222, 232 und schließlich 243 km/h zu erhöhen auf über 300 km/h.

Im aerotechnischen Institut von Saint-Cyr wurden Windkanalversuche mit einem Modell des Zuges von Beaune durchgeführt und Widerstandsformeln ermittelt. Man ließ dann vorübergehend für die praktischen Versuche für beide Maschinen eine mittlere Stromstärke von je 4000 A gegenüber sonst 2550 A bei der CC und 2080 A bei der BB zu. Die Versuchsstrecke Bordeaux — Dax enthält den längsten, mit 47 Kilometer bemessenen, geradlinigen Hauptstreckenabschnitt Frankreichs. Er bot sich für Hochgeschwindigkeitsversuche geradezu an. Um die Durchgangs- und Grenzgeschwindigkeiten der Motoren nicht zu überschreiten, mußten die Getriebeübersetzungen geändert werden. Doch die Sicherheitsmaßnahmen und die technische Ausstattung wurden noch weiter unter die Lupe genommen. So hatte man die Räder mit Ultraschall geprüft und die kompletten Radsätze statisch und dynamisch ausgewuchtet, ebenso die Kraftübertragung mit den tanzenden Ringen, die außerdem noch geröntgt worden sind. Weiter wurden in der Schleudergrube mit den Antrieben samt Achsen Versuche mit Geschwindigkeiten zwischen

400 und 450 km/h

durchgeführt. Und — last not least — kam ein Achslager jeder Lok auf den Prüfstand, um mit 400 km/h Geschwindigkeit Tests zu machen.

Es waren aufregende Tage für die Ingenieure der Französischen Eisenbahnen (SNCF) und Techniker der Industrie. Während der Rekordfahrten wurden die Stromabnehmer genauestens überwacht: Bei 250 km/h schmolzen fast die Schleifstücke. Das Okular des Periskops wurde mit geschmolzenem Metall und Fettspritzern fast zugedeckt. Bei 280 km/h nahm das Schmelzen bereits ganz beunruhigende Formen an. Die Funken drangen sogar in den Führerstand ein! Nach Beendigung der Versuche stellten die französischen Bahningenieure mit gewisser Genugtuung fest: Wir haben praktisch serienmäßige Maschinen unserer Industrie benutzt. Durch keinen Eingriff wurde im Prinzip die ursprüngliche Bauform der beiden Maschinen geändert. Einzige größere Modifikation war die Getriebe-Änderung in Form der Wahl eines anderen Übersetzungsverhältnisses. Wir haben also nicht alles umgeworfen, um zwei Wunderlokomotiven zu bekommen. Die CC 7107 hätte genausogut irgendeine andere Lokomotive aus der vorhandenen Serie sein können. Auch die BB hätte aus der Serie, die wir gerade bestellt haben, mit irgendeinem Exemplar gewählt werden können. Die Kraftübertragungsarten vom Fahrmotor auf die Achsen nach Alsthom und Jacquemin haben wieder einmal all ihre außergewöhnlichen Eigenschaften gezeigt. Von den Stromabnehmern wurde geradezu Unmögliches gefordert. Mit einem einzigen Stromabnehmer am Fahrdraht sind bei sehr hohen Geschwindigkeiten zeitweise 5000 Ampere und mehr abgenommen worden! F. Nouvion, der Chef-Ingenieur der Französischen Staatsbahnen meinte abschließend: „Und um zu zeigen, daß bei der SNCF der Mannschaftsgeist bis in die höchsten Spitzen der Führung reicht, hat Herr Parmantier, Directeur du Matériel et de la Traction de la SNCF, großen Wert darauf gelegt, persönlich bei beiden Rekordfahrten auf der Lokomotive anwesend zu sein."

Sonst wurden viele Worte nicht gemacht, denn gewöhnlich machen diejenigen Leute am meisten Gerede, die nichts zu sagen haben oder mit der Sprache nicht herausrücken wollen.

Das Ergebnis gerade jener Versuchsfahrten hat alle Erwartungen übertroffen. Bei der Höchstgeschwindigkeit gaben die Lokomotiven rund 12 000 PS (!) her, eine Leistung, die den sehr beträchtlichen Luftwiderstand erkennen läßt. Insgesamt stellten die Versuche sowohl der französischen Lokomotiv-Industrie als auch der Gleisbautechnik und dem Versuchswesen der SNCF ein höchst anerkennenswertes Zeugnis aus.

Jedes Land, jede Bahnverwaltung schwört auf bestimmte aerodynamische Formen. Eine Schnellfahrlokomotive der Société Nationale des Chemins de fer Français (SNCF) sieht anders aus als eine Rekordlokomotive der Ferrovie Italiane dello Stato (FS) oder der Deutschen Bundesbahn (DB). Das war schon unter den Dampflok-Konstrukteuren eine völlig unterschiedliche Sache, und es begann schon bei den Windleitblechen. Die frühere Deutsche Reichsbahn pochte auf großflächige Seitenbleche, in Frankreich wurden sie manchmal noch größer, die Italiener lehnten Windleitbleche überhaupt ab, und die Deutsche Bundesbahn lächelte zufrieden mit ihren Witte-Blechen. Trotzdem hatte jede Bahnverwaltung Untersuchungen über das Strömungsverhalten von Rauchfahnen anstellen lassen oder selbst angestellt. Die Beurteilung der Ergebnisse stimmte aber vor und hinter den Länder-Grenzpfählen nicht überein. Die differenziertesten Auffassungen findet man auch in der Auswertung und Beurteilung von Meßergebnissen kostspieliger Versuchs- und Vorführfahrten. Man geht damit oft ins Ausland, um extreme Einsatzbedingungen durchzuprobieren, um ausländische Bahnverwaltungen von der Qualität der eigenen Erzeugnisse zu überzeugen oder um potenten Kunden „Paradestücke“ zu präsentieren.

Zu den interessantesten Vorführungs- und Probefahrten zählten diejenigen mit der 4000-PS-Diesellokomotive ML 4000 C'C' von Krauss-Maffei auf der Semmeringstrecke in Österreich. Weil diese diesel-hydraulische Mammut-Lokomotive für zwei amerikanische Bahnen, die Southern Pacific Co. und die Denver & Rio Grande Western Railroad Co., in einer größeren Stückzahl in Frage kam, wurden die ersten Meßfahrten im Frühjahr 1961 unter Leitung der Bundesbahn-Versuchsanstalt München, Abteilung Brennkrafttechnik, durchgeführt, wobei die Leistungsfähigkeit über den ganzen Geschwindigkeitsbereich sowie die Antriebsanlage untersucht wurden. Dann begab man sich auf eine „USA-ähnliche“ Einsatzstrecke im benachbarten Österreich zwischen Gloggnitz und Mürzzuschlag. Freilich hatte man Schwierigkeiten, denn die Achslast der ML 4000 C'C' betrug bei vollen Vorräten genau 25 t. Die Österreichische Bundesbahn erließ eine Ausnahmegenehmigung, allerdings nicht für 25 t, sondern für nur 23 t Achslast. Das half Gott sei Dank weiter, denn man begnügte sich einfach mit einer Verringerung der Vorräte, um die höchstzulässigen 23 t nicht zu überschreiten. Wir brauchen hier nicht zu wiederholen, daß die Probefahrten mit 867 t und 972 t Anhängelast zur Zufriedenheit ausfielen. Wir wollen vielmehr auf den „werben-

Tafelseite 105. Vor der Ablieferung mußte die elektronisch geregelte, dieselhydraulische Lokomotive DG 1500 B'B'M ein umfangreiches Versuchsprogramm absolvieren.
(Foto: Klöckner-Humboldt-Deutz)

Die diesel-elektrische Siemens-Henschel-Lokomotive DE 2000 (umgenummert in 202 001) während der Meßfahrten am 7. März 1968 auf der Rheintal-Strecke zwischen Karlsruhe und Basel
(Foto: Messerschmidt)

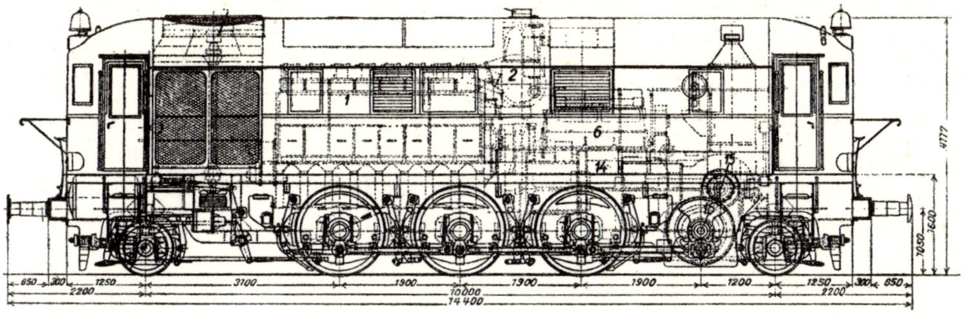

Bauzeichnung der ersten deutschen diesel-hydraulischen Großlokomotive, V 140 001 (1400 PS), aus dem Jahre 1935 (Zeichnung: Reichsbahn/KM)

den Effekt" hinweisen, der von der Herstellerfirma geschickt ins Spiel gebracht wurde. Es handelte sich nicht nur um die in dicken Lettern angebrachten Seitenwand-Aufschriften „Krauss-Maffei", nein, man hatte eine Gästeliste mit Prominenz aufzuweisen: Neben leitenden Herren der amerikanischen Auftraggeber nahmen an den Vorführfahrten Vertreter der Ägyptischen Staatsbahn, der British Transport Commission, der Deutschen Bundesbahn, der Französischen Staatsbahn, des New York Central System, der Österreichischen Bundesbahn, der Spanischen Nationalbahn und der Türkischen Staatsbahn teil. Damit war die Renommier-Liste noch nicht zu Ende. Die EUROFIMA, die TALGO-Gesellschaft und das Office des recherches et d'essais (Utrecht) waren ebenfalls eingeladen. Zu den weiteren Gästen zählten Vertreter des Bayerischen Ministeriums für Wirtschaft und Verkehr, des Österreichischen Patentamtes, der Zulieferfirmen und bedeutender Fachzeitschriften. Die Mitfahrt des Ersten Präsidenten der Deutschen Bundesbahn Prof. Dr. Oeftering und des Generaldirektors der Österreichischen Bundesbahn Hofrat Dr. Schantl unterstrich das Echo jener Semmeringfahrten.

Die Krauss-Maffei-Leute hatten schon von ihrer Diesellokomotive ML 2000 C'C' in der Zeit vom 22. September bis 2. Oktober 1957 insgesamt 22 planmäßige Güter- und Reisezüge über den Semmering befördern lassen. Die von Krauss-Maffei gebaute V 200 005 der Deutschen Bundesbahn ging auf Vorführungsfahrt sogar nach Jugoslawien, nach Griechenland und in die Türkei! Adana, Ankara, Athen, Saloniki und Belgrad lagen auf jener Orientstrecke, auf deren wichtigsten Stationen Lokfotos mit orientalischen Reiseeindrücken — nicht zuletzt für die publizistische Arbeit — geknipst wurden. Über 10 000 Kilometer europäischer und vorderasiatischer Strecken von verschiedener Beschaffenheit hat die

Tafelseite 106: Versuchsfahrt mit einer E 10 auf der „berüchtigten" Geislinger Steige zwischen Stuttgart und Ulm (Foto: Messerschmidt)

V 200 005 zurückgelegt. Die am 3. Mai 1955 um 21.40 Uhr vor dem Taurus-Expreß in Haydarpasa angekommene Lok wurde am 4. Mai über den Bosporus trajektiert, um auf ihrem Rückweg nach Deutschland noch in Griechenland und in Jugoslawien vorgeführt zu werden. In mehreren Plandiensten dieser Exkursion beförderte die Lok sogar den Orient- und den Orient-Simplon-Expreß!

Auch in den Vereinigten Staaten ergreifen Industrie-Unternehmen Initiativen, die im Lokomotivbau nicht alle Tage registriert werden. Die Electro-Motive Division der General Motors Corporation hatte Ende 1948 sogar einen eigenen Lokomotivmeßwagen, der beliebig zwischen die Einheiten mehrteiliger Diesellokomotiven gekuppelt werden kann, in Betrieb genommen. Neben den meßtechnische Ausrüstungen — Potentiometer, Voltmeter, Oszillographen, elektrische Zähler, Fahrtschreiber und Meßdosen — enthält der Lokomotiv-Meßwagen auch ein Fotolabor, Küche, Duschraum, Toiletten und vier Standard-Pullman-Betten. Der Wagen hatte sofort nach Inbetriebnahme einen großen Anteil an den Erprobungen der General-Motors-Güterzug-Diesellokomotiven (F 7) und der Personenzug-Diesellokomotiven (E 8). General Motors gilt als der größte Diesellokomotiv-Hersteller der Welt. Bei der Planung eines relativ kleinen kanadischen GM-Lokomotiv-Zweigwerkes mit einer Belegschaft von 1000 Personen legte man bereits im Jahre 1949 einen Fertigungsausstoß von einer diesel-elektrischen Lokomotive pro Tag fest!

Die Entwicklung und der Versuchsbetrieb schreiten unaufhaltsam voran. Im Jahre 1898 — Nikolaus August Ottos erster Viertaktmotor war gerade „volljährig" geworden — gab die Gasmotorenfabrik Deutz unter der Nummer 184 eine Drucksache über „Benzin-Locomotiven für Gruben- und Feldbahnen, betrieben durch Ottos neuen Benzinmotor" heraus. Heute ist dieses historische Kapitel längst abgeschlossen. Die Diesellokomotive ist Königin der Motorzugförderung. Man sammelt weitere Erfahrungen und liefert teils auf Rechnung von Auftraggebern, teils auf eigene Kosten Erprobungsbauarten. Henschel zeigte auf der Deutschen Industrie-Messe 1962 in Hannover seine in Zusammenarbeit mit Siemens entwickelte diesel-elektrische Bo'Bo'-Lokomotive DE 2000. Sie sollte geeignet sein für den Probebetrieb auf den europäischen normalspurigen Eisenbahnstrecken und zugleich Prototyp sein für vier- oder sechsachsige diesel-elektrische Exportlokomotiven. Durch Verwendung einer simultanen Steuerung der Dieselleistung im Fahrbetrieb in Verbindung mit der Siemens-Transidyn-Feldregelung und durch Verwendung eines Drehstromgenerators für die Hilfsbetriebe ließen sich die erforderlichen Wartungsarbeiten der elektrischen Steuer- und Regelausrüstung weitgehend einschränken. Die elektrische Kraftübertragung erfolgt vom 2000-PS-Dieselmotor aus Gewichts- und Wirtschaftlichkeitsgründen mit Gleichstrom. Die Fahrmotoren sind fremdbelüftete Gleichstrom-Reihenschlußmotoren. Im Fahrbetrieb wird das Motor-Hauptaggregat leistungsabhängig gesteuert, wobei simultan eine Füllungssteuerung am Dieselmotor und eine Drehzahlregelung am Hauptgenerator nach dem Prinzip der Siemens-Transidyn-Feldregelung erfolgt. Die Fahrmotoren liegen dabei dauernd parallel an der

Spannung des Generators. Im dynamischen Bremsbetrieb sind die Felder aller Fahrmotoren in Reihe geschaltet fremderregt, während je zwei Fahrmotorenanker in Reihe auf einen fremdbelüfteten Widerstand arbeiten.

Es handelte sich um eine bemerkenswerte Erprobungslokomotive für die in Deutschland recht stiefmütterlich behandelte Diesellokomotive mit *elektrischer* Kraftübertragung. Die DE 2000 ist nach mehrjährigem Probe-Einsatz bei der DB an eine Privatbahn verkauft worden. Aber selbst für hydraulische Kraftübertragungsformen hat man in jüngerer Zeit Erprobungsmuster gebaut. Das gilt besonders für die hydrostatischen Getriebe. Die bekanntesten, rein elektrischen Erprobungslokomotiven der Deutschen Bundesbahn sind die Vorläufer unserer E 10 (110), nämlich die E 10.001 bis 005.

Die Notwendigkeit der Heranziehung von sogenannten Bremslokomotiven bei der Durchführung von Lokomotiv-Beharrungs-Meßfahrten ergibt sich sehr oft. Die „klassische" Bremslokomotive ist ja die Dampflokomotive mit Gegendruckbremse. Aber es kommen mitunter auch elektrische Lokomotiven in Frage. Werfen wir einen Blick ins Ausland, in den Versuchsbetrieb der Italienischen Staatsbahnen. Im Jahre 1955 kam es zur Bauvergebung einer größeren Anzahl dieselelektrischer und diesel-hydraulischer Erprobungslokomotiven. Sie galten als „Grundsatz-Baumuster" für eine spätere Serien-Ausführung mit elektrischer (Baureihe D 341) und mit hydraulischer Kraftübertragung (D 342). Sobald die Erprobungslokomotiven beider Baureihen geliefert waren, begannen Versuchsfahrten auf der Strecke Turin — Bardonecchia mit Abschnitten gleichbleibender Neigungen von 10 und 27 Promille. Der Meßwagenzug bestand aus der Probelok, dem Dynamometerwagen und einer *Drehstrom*-Lokomotive mit den Synchron-Geschwindigkeiten von 25 — 37,5 — 50 — 70 und 100 km/h. Die italienischen Drehstromlokomotiven, für zweipolige Oberleitung entworfen, beginnen nun auszusterben. Die Leistungsaufnahme von Asynchronmotoren, die man ja verwendet, ist vom Schlupf — also von der tatsächlichen Drehzahl im Verhältnis zur Synchron-Drehzahl — abhängig. Wir hörten in einem früheren Abschnitt, daß schon relativ geringe Änderungen des Schlupfes Leistungsänderungen bis zu 20% zur Folge haben können. In Mehrfachtraktion gemeinsam arbeitende Drehstromlokomotiven müssen also möglichst gleiche Raddurchmesser haben, weil die Maschinen sonst zu ungleiche Leistungen aufnehmen und Überlastungen unvermeidlich wären. Um dabei eine betriebliche Garantie zu haben, schreibt man nach allen Revisionen die Lok-Ist-Raddurchmesser an, um dem Betriebspersonal Anhaltspunkte zu geben. Ein seltsames, aber praktisches Verfahren! Allerdings laufen auch Lokomotiven ganz verschiedener Bauarten mit grundverschiedenen Kuppelraddurchmessern vor Zügen zusammen. Nun, hierbei müssen eben die Polzahl der Motoren und die Kurbelkreisdurchmesser herhalten. Der von den Italienischen Staatsbahnen schon vor 1939 gemeinsam mit der Lok-Industrie durchgeführte Versuchsbetrieb mit Mehrfachsteuerungen bei Drehstromlokomotiven wurde 1957 wieder aufgenommen und systematisch fortgeführt. Das zu lösende Problem war gar nicht so einfach. Es handelte sich ja um Drehstromlokomotiven der FS-Reihe

E 554 mit Asynchronmotoren und Flüssigkeitswiderständen. Die beiden aneinandergekuppelten, von einem Führerstand aus gesteuerten Fünfkuppler-Lokomotiven wurden konstruktiv auf einen gemeinsamen, größeren Flüssigkeitswiderstand zusammengeschaltet. Bis zum Dezember 1958 sind zehn „Doppellokomotiven der Reihe E 554 für die Brennerstrecke Bolzano — Brennero und für die Linie Genua — Ronco hergerichtet worden. Ihre monatliche Laufleistung betrug durchschnittlich 100 000 Kilometer im Dauereinsatz!

Ein anderes Kapitel „Erprobung und Versuch“ stellt die Fahrzeugversuchsanlage in Wien-Arsenal dar. Sie ist die sogenannte „Klima-Kammer“ unserer Eisenbahnen und dient der Untersuchung von Wagen und Lokomotiven bei allen möglichen Klimazuständen. Wir nennen hier nur die Kaltstartversuche an Diesellokomotiven und die Vereisungsuntersuchungen an Stromabnehmern und Isolatoren von elektrischen Lokomotiven. Die Gesamtkosten dieser im Jahre 1961 in Betrieb genommenen Anlage beliefen sich auf 2,8 Millionen DM, davon trugen das ORE etwa 60% und die Republik Österreich rund 40%. Die dort „künstlich“ herstellbaren Extrem-Temperaturen lassen sich natürlich auch für die Prüfung von Führerstandsheizungen oder für die Funktionskontrolle elektronischer Schaltungen bestens heranzuziehen. Viele „berühmte“ Lokomotivtypen wurden bereits in der „Klima-Kammer“ von Wien begutachtet: 103.003 (DB), 184.112 (DB), 215.005 (DB), 218.001 (DB), Diesellok 2459 (Niederländische Staatsbahnen), Diesellok 68514 (Französische Staatsbahnen), Versuchszug mit Breda-Mittelpufferkupplung (Italienische Staatsbahnen), Diesellok 2513 (Niederländische Staatsbahnen) und viele andere — bei arktischer Kälte (—40 °C) und tropischer Hitze (+ 50 °C)!

Wir könnten über Lokversuche ganze Bücher füllen, und wir würden uns mit Erprobungen in allen wichtigen Eisenbahn-Ländern befassen müssen. Wir dürften die Betriebsversuche an der Alton and Southern-Lokomotive Nr. 14 im Sommer 1913 nicht vergessen, wo man in Zusammenarbeit mit der Universität Illinois und der Aluminum Company Aluminium-Kuppelstangen erprobt und die Spannungsverteilung gemessen hat. Wir dürften die Rekord-Fahrten der Japanischen Staatsbahnen mit Geschwindigkeiten über 200 km/h nicht unbeachtet lassen, und wir müßten an belgische Meßverfahren erinnern.

Begnügen wir uns jedoch mit dem Hinweis auf die Auswirkungen von Erfolg oder Mißerfolg auf die beteiligte Industrie. Von Enttäuschungen spricht man ungern. Nur die Fachkollegen finden darin Ansporn. Stolze Erfolge wertet man aber für die Öffentlichkeitsarbeit aus. Man publiziert, was man geleistet hat, man renommiert. „Meisterstücke“ kommen vor der Auslieferung an den Kunden mit dessen Einverständnis schnell noch zur nächsten internationalen Ausstellung oder zur bevorstehenden Industrie-Messe. Paradepferde im Blickpunkt des Ausstellungs- und Messepublikums sind so zahlreich, daß wir uns mit der Aufzählung nur einiger abgeben können:

Henschel brillierte im Jahre 1963 mit seiner V 320.001 auf der Industrie-Messe Hannover.

Esslingen ging 1952 mit seiner Schwedischen Serien-Diesel-Verschiebelok ebenfalls nach Hannover.

Krauss-Maffei repräsentierte 1965 auf der Internationalen Verkehrsausstellung in München u. a. mit der nagelneuen V 200.139.

Krupp brachte auf der Ausstellung „Schiene und Straße“ im Jahre 1960 in Essen eine Vorauslokomotive der V 160, deren Betriebsnummer zu Beginn der Ausstellung noch nicht einmal angeschrieben war, weil die Lok im letzten Moment im Ausstellungsgelände erst noch abschließende Lackierpinselstriche über sich ergehen lassen mußte.

Officine Meccaniche (Mailand) und die Compagnia Generale di Elettricità (CGE) brachten ihre funkelnagelneue, gerade fertiggestellte FS-Schnellzuglokomotive E 646.175 zur Internationalen Verkehrsausstellung 1965 nach München.

Die MaK (Maschinenbau Kiel) hatte die in Zusammenarbeit mit der Bundesbahn entwickelte V 90 020 zur IVA 1965 nach München abgestellt. Sie wurde mit Tonfrequenz-Multiplex-Fernsteuerung ausgerüstet und von der Bundesbahn als ferngesteuerte „Geisterlok“ vorgeführt.

Der VEB Lokomotivbau Elektrotechnische Werke „Hans Beimler“, Hennigsdorf bei Berlin, präsentierte seine 50-Hz-Gleichrichterlokomotive E 211 001 für die Deutsche Reichsbahn im Jahre 1969 auf der Leipziger Frühjahrs-Messe.

Dampfmaschine und Eisenbahn sicherten sich schon frühzeitig einen großen Anteil am Wirtschaftsleben und traten somit auf Messen und Ausstellungen regelmäßig in Erscheinung. Die Messen richten sich überwiegend an bestimmte Fachkreise und Interessentengruppen der nach Gewinn strebenden Käufer, Verkäufer und Fachleute. Die Ausstellungen dagegen, denen in der Regel eine zielsichere Thematik zu eigen ist, kennen das unmittelbare Handelsgeschäft nicht. Und manche Ausstellung ist als „ständige Schau“ erhalten geblieben. Das historische Fundament der Eisenbahn-Sammlungen des Verkehrs- und Baumuseums in Berlin bildeten mehrere Ausstellungsstücke, die Preußen auf den damaligen Weltausstellungen gezeigt hatte. Auch das Nürnberger Verkehrsmuseum gründete sich auf eine vielbeachtete Ausstellung.

Wir erinnern hier an repräsentative Ausstellungen mit glanzvollen Exponaten der Eisenbahntechnik. Die längst abgebrochene „Eisenbahntechnische Ausstellung“ in Seddin hinterließ 1924 den Eindruck der perfektionierten Dampflokomotive und wartete gleichzeitig mit neuen technischen Mitteln für die Zugförderung auf. Die elektrischen Triebfahrzeuge traten damals in eigenwilligen Konstruktionsformen der Industrie auf, die für die Fortentwicklung viel Erfolg versprachen. Die Jubiläumsausstellung der Deutschen Eisenbahnen in Nürnberg stand 1935 im Zeichen des Schienenschnellverkehrs, und zwar nicht nur symbolisch, sondern durch eine realistische Zurschaustellung von Stromlinien-Dampflokomotiven. Die Eisenbahn-Ausstellung in Padua 1942 ließ die rapide Ausbreitung des elektrischen Betriebes auf italienischen Bahnen besonders stark zur Geltung kommen. Schließ-

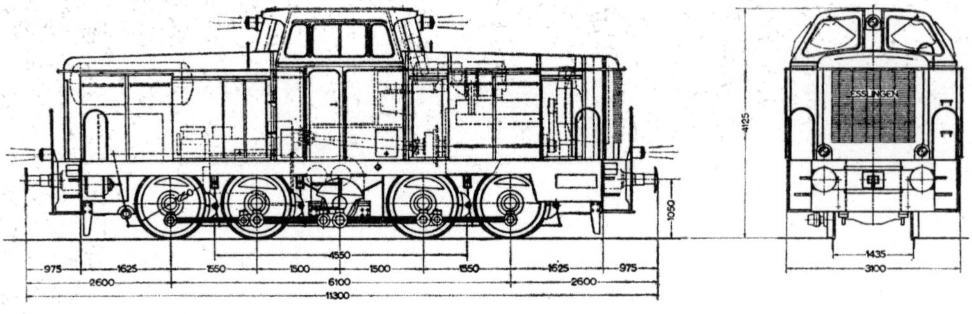

Angebotszeichnung einer diesel-hydraulischen 950-PS-Lokomotive mit Beugniot-Gestellen (Zeichnung: Esslingen)

lich stand die 1948 in Chicago organisierte Eisenbahn-Ausstellung „Wheels Rolling“ schon unter dem Vorzeichen der Dieselzugförderung, während dann in Brüssel 1958 die Dampflokomotive ganz verschwunden war.

Und so müssen wir das bloße Repräsentieren mit Lokomotiven der Industrie oder der Bahnverwaltungen auf Ausstellungen unter weitergespannten Aspekten betrachten:

Die Zivilisation ist heute ohne den Anteil der Schienenverkehrsmittel undenkbar. Ein Ausfall auch nur eines Teiles nennenswerter Transportleistungen würde unter Umständen eine Katastrophe für Millionen Menschen heraufbeschwören. Es ist unvorstellbar, die Funktion des Schienenverkehrs aus unseren Lebensformen herauszulösen. Die allgemeine Öffentlichkeit, die Besucher von Messen und Ausstellungen, sollten daher lernen, die Vielgestaltigkeit der achtunggebietenden Verkehrsdynamik und ihrer Traktionsmittel zu erfassen . . .

Wir haben's geschafft!

Die Werbung spricht mit — Unsere Lok bei General Belgrano — Die Limpopo-Linie ist zufrieden — Ersatzteile gefragt — Gottlob: Eine Nachbestellung

Neue Lokomotiven wurden glücklich abgeliefert. Doch damit ist ein Auftrag noch lange nicht erledigt und „gestorben". Vielfach werden Monteure nach Übersee entsandt, um beim Zusammenbau nach der Entladung im Hafen mitzuwirken. Darüber hinaus ist das Werk noch auf ein Jahr oder längere Zeit an Garantieverpflichtungen gebunden. Es gibt aber noch mehr zu tun, denn es gilt selbstverständlich auch, aus einem Repräsentativ-Auftrag Kapital zu schlagen. Dabei haben die Presse- und Werbeabteilungen ihre große Stunde.

Der Ingenieur, von Haus aus gewohnt, mit Naturgesetzen und mit Zahlen umzugehen, fühlt sich im allgemeinen nicht sehr wohl unter Betriebsjournalisten und Werbeleuten. Er steht der Welt der Gefühle reserviert gegenüber und meidet möglichst die Emotionen im Alltag. Werbung ist aber auch im Lokomotivbau und im gesamten Verkehrswesen bitter notwendig. Gewiß, mit Slogans wie „Mehr Auto fürs Geld" kommt man in der Schienenfahrzeug-Branche nicht weit. Werbe-Aussagen, die für das Heer der alten und neuen Autobesitzer vielleicht zugkräftig sind, wären im Lokomotivbau wirkungslos und lächerlich. Immerhin werben einige Eisenbahnen in Übersee schon mit dem künftigen Einsatz von „Düsenclippern auf Schienen". Das Verkehrsangebot mit Diesel- und Gasturbinenzügen ist ja auch wesentlich realistischer. Bei der Automobilisierung und beim Straßenbau kann man von Realismus nur im Traum sprechen. Die Wege-Entlastungsmaßnahmen halten mit dem Käufer-Ansturm auf die Automobilproduktion keinesfalls Schritt. Weder Bevölkerungszuwachs noch Automobilboom bieten Gewähr für dauerhafte Wirtschaftsblüte. Diese Probleme erinnern vielmehr an den Kranken, der Morphium nimmt und am Ende süchtiger und kränker wird, als er je gewesen ist.

Eine Bahnverwaltung würde niemals mehr Fahrzeuge kaufen, als ihre Strecken- und Sicherheitskapazität verkraften könnte. Im Straßenverkehr wird nahezu verantwortungslos gehandelt. Hier treibt das Marketingverfahren mit dem Prinzip, dem Verbraucher mehr und mehr vom Auto aufzuhalsen, die üppigsten, aber auch gefährlichsten Blüten. Marktforscher müssen auf dem Gebiet der Konsumgüter angesichts des Schreckgespenstes „Sättigung" regelrechte Schlachtpläne ausarbeiten, um den Umsatz zu steigern, wobei „Qualität" oft — bewußt oder unbewußt — niedrig gehalten wird, um bei kurzer Erzeugnis-Lebensdauer immer wieder neuen Bedarf zu wecken. Ein Schlag gegen den Berufsstolz der Konstrukteure?

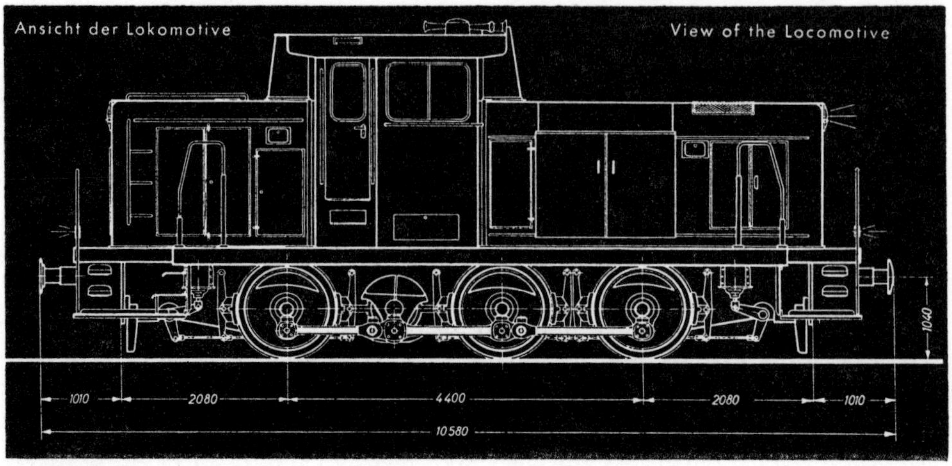

Werbung im Lokomotivbau: Prospektbild einer diesel-hydraulischen 550/650-PS-Lokomotive für eine zweisprachige Druckschrift (Zeichnung: Esslingen)

Im Eisenbahnwesen und auf dem Sektor des Baues von öffentlichen Verkehrsmitteln gilt nach wie vor „safety first". Werbliche Akzente werden natürlich gesetzt. Aber sie rangieren nie vor Zuverlässigkeit und Betriebssicherheit. Und deshalb ist es auch wichtig, daß Ingenieure — und es gibt solche — in der Lokomotivfabrikenwerbung kräftig mitmischen. Das erfordert allerdings keine phantasielose, sondern eine systematisch-verständliche Denkweise aus der Welt der Öffentlichkeitsarbeit. Es ist also wirklich nicht absurd, wenn sich Ingenieure mit der Werbung befassen und auf diesem Gebiet schöpferisch arbeiten. Im Lokomotivbau ist der Werbe-Ingenieur wiederholt zu Aufgaben berufen, die ohne spezifische Ingenieur-Ausbildung gar nicht überzeugend gelöst werden könnten.

Die Lokomotiv-Werbung fängt eigentlich schon bei der Entwicklung auf dem Reißbrett an. Leider funktioniert dieses Vorgehen nicht immer, denn nur wenige Konstrukteure sind gleichzeitig auch tüchtige Formgestalter. Früher machte man sich im allgemeinen nicht allzu viele Gedanken über Stilprobleme. Zwar hat man sich in einigen Lokomotiv- und Waggonfabriken mit der Formgebung beschäftigt, und es wurden hier und da auch freischaffende Künstler in Gestaltungsfragen herangezogen. In der Regel dürfte es aber die Aufgabe all dieser Spezialisten gewesen sein, nur dafür zu sorgen, daß Zweck und Form der Schienenfahrzeuge sich in etwa harmonisch miteinander verbinden. Heute ist die Idee der Überbrückung der Kluft zwischen Schienenfahrzeug-Produkt und künstlerisch-werbender Form viel ausgeprägter, wenngleich der „Designer" selten mit Hilfe einer technischen Konstruktion zur Schönheit der Technik kommt. Die gute Fahrzeugform entsteht aus dem Zusammenspiel von Konstruktionsidee, Zweckorientierung, Herstellungsmöglichkeit und ästhetischen Ansprüchen mit der Zutat des „Color Engineering". Farbgestaltung und Farbdynamik lassen sich nicht mit

Tafelseite 115. Meßzug der Bundesbahn-Versuchsanstalt München, Abteilung Brennkrafttechnik, mit Diesellok 333 027 der Lokomotivfabrik Gmeinder & Co. (Foto: Messerschmidt)

Rechts: Während der Probe- und Meßfahrten werden im Beiwagen Protokolle und Berichte mitgeschrieben. Hier eine Sekretärin bei der Arbeit im 130-km/h-Tempo zwischen Ulm und Friedrichshafen (Foto: Esslingen)

Tafelseite 116: Stromlinienlokomotive 61 002 verläßt im Jahre 1939, kurz vor Kriegsausbruch, das Kasseler Henschel-Werk am Holländischen Platz. (Foto: Henschel)

Ein berühmter britischer Lokomotiv-Umbau: Eine Schnellzuglokomotive der „West Country Class“ (Southern Railway), eine früher verkleidete Bulleid-Konstruktion, im Bild (London) mit normaler Steuerung und ohne Stromlinien-Verkleidung (Foto: Messerschmidt)

Tafelseite 117. Die erste „fabrikneue“ Drehstromlokomotive E 470 001 für Industriefrequenz 45 Hz und 10 kV der Italienischen Staatsbahnen auf dem Werkgelände von Tecnomasio Italiano Brown Boveri, 1925 (Foto: TIBB)

Die bemerkenswerte Umbau-Dampflokomotive 52 7651 der Österreichischen Bundesbahnen mit Giesl-Flachejektor und verengten Siederohren. Umbau des Jahres 1965 (Foto: Dr. Giesl-Gieslingen)

Tafelseite 118. Das ist einer der Prototypen für die späteren Bundesbahn-Serienlokomotiven der Baureihe E 10 (110). Bei der Entwicklung der Vorauslokomotiven hatte die Lokomotivindustrie (Henschel, Krauss-Maffei, Krupp, AEG, BBC, Siemens) weitgehend freie Hand. (Foto: Messerschmidt)

Anstrichversuche bei Bundesbahn-Elektrolokomotiven der Reihe E 10 (110). Die rechte Lok erhielt versuchsweise einen hellgrau gestrichenen Unterrahmen. (Foto: Messerschmidt)

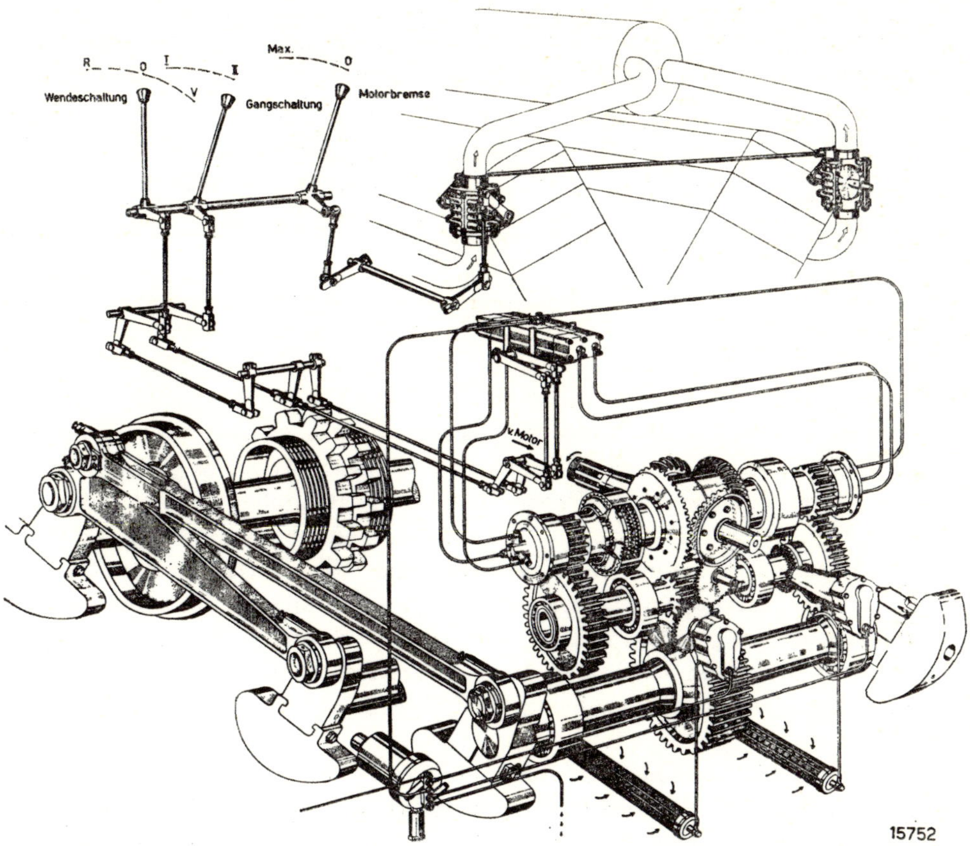

Auch das gehört zum Metier einer Lokomotivfabrik: Funktionszeichnung der Antriebs- und Steuerungsorgane für die Bedienungsanleitung einer Zahnrad-Diesellokomotive der Monte-Generoso-Bahn. (Zeichnung: Saurer)

der mathematisch fundierten Wissenschaft lösen. Sie sind aber im Lokomotivbau wichtig, denn sie bestimmen die Erscheinungsbilder und die werblichen Akzente der Lokomotive wesentlich mit. Oft ist aber gerade die Farbdynamik im Lokomotivbau einem starren Schema unterworfen. Konstrukteure, Formgestalter und Werbefachleute haben da nur wenig dreinzureden, denn jede bestellende Bahnverwaltung hat von ihrem Fahrzeugpark eigene Farben-Vorstellungen. Die meisten von ihnen gehen von ihren Farbsymbolen nicht ab.

Ein besonders gut gelungener Lokomotiv-Auftrag wird — meist in Abstimmung mit dem Besteller — der Öffentlichkeit und der Fachwelt präsentiert. Das geschieht über hervorragende Anzeigen in den großen Schienenfahrzeug-Fachzeitschriften, über Inserate und Textinformationen in der internationalen Wirtschaftspresse. Damit hat eine Lokomotivfabrik aber noch nicht alle Möglichkeiten der Produkt- und Vertrauenswerbung genutzt. Sie wird nämlich auch größere

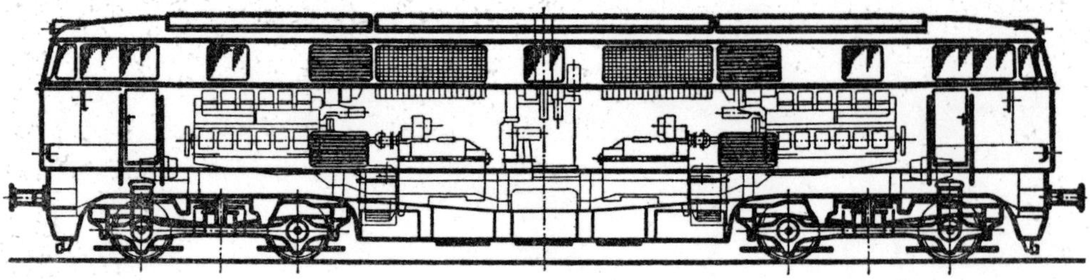

Aufriß mit Antriebsanlagen einer von österreichischen Lokomotivkonstrukteuren entwickelten „Standard-Diesellokomotive" LDH 2200 (Zeichnung: Simmering-Graz-Pauker)

Presseberichte an die Redaktionen der Tageszeitungen geben und Fach-Artikel für die einschlägigen Veröffentlichungsorgane verfassen lassen. Es gibt viel Arbeit für die zusammenarbeitenden Presse- und Werbeabteilungen der Lokomotivindustrie. Allein der Versuch, den Weg von der Werbe-Idee bis zur Verwirklichung als Farb-Anzeige in Fachzeitschriften oder Wirtschaftszeitungen, als Prospekt oder als Katalog und auf Ausstellungen oder Messen, im Funk und im Fernsehen nachzuempfinden, fordert doch einigen Respekt ab. Exakte Kombination unter ständiger Beachtung des zur Verfügung stehenden Werbe-Etats, sowie geistige, gestalterische, ordnende und fügende Kräfte stehen hier dicht beieinander.

Eine bedeutende Lokomotivlieferung, die ihren Weg durch die Presse machte, war der Auftrag für die ölgefeuerten, sechsfach gekuppelten Zahnrad-Dampflokomotiven der Ferrocarril Nacional General Belgrano, ein Teil der verstaatlichten Argentinischen Eisenbahnen. Diese im Jahre 1954 gebauten und im Januar 1955 verschifften F1'bzh4-Lokomotiven kamen auf Strecken, die teilweise in über 2000 m Meereshöhe liegen. Die Abnahmefahrten in Argentinien bestätigten die Erfüllung des Leistungsprogrammes. Doch die Konstruktionsfirma Maschinenfabrik Esslingen hatte in den ersten Monaten nach der Lieferung noch eine Menge Arbeit mit den beiden schmalspurigen Riesen-Lokomotiven. Es waren zunächst Schwierigkeiten zu überwinden, die nicht zuletzt darauf zurückgeführt wurden, daß die vorhandenen Zahnstangen bis zur Grenze ihrer Leistungsfähigkeit beansprucht waren. Es gab aber auch Triebwerkschäden, und die dortige Bahnverwaltung „General Belgrano" hatte Mühe, hochwertige Schadteile zu untersuchen und zu ersetzen. Es ging nicht ohne Inanspruchnahme Esslinger Ingenieure, die sowohl an Ort und Stelle nach dem Rechten sehen mußten, sondern auch zu Hause die Triebwerk-Massenkräfte unter Berücksichtigung aller nur denkbaren Schwingungserscheinungen und Beschleunigungswerte durchrechnen mußten. Erst nach Erkennen und Beheben aller Imponderabilien und Mängel konnte auch die Werbeabteilung ruhig schlafen. Es war ja schließlich sowohl die Aufgabe der Lokomotivfabrik als auch der Werbeabteilung, das Äußerste an „Zugkraft" zu erreichen. Immerhin wurde ja auch der erste Vorentwurf in Zusammenarbeit mit dem argentinischen Eisenbahn-Maschineningenieur Anacleto Tobar, später Professor an der Universität von Tucumán, aufgestellt.

Mit wesentlich höherem Auftragsvolumen befaßten sich, ebenfalls Mitte der fünfziger Jahre, die Eisenbahnen in Moçambique an der Südostküste Afrikas. Im Mittelpunkt des Interesses standen die südlichen Linien um Lourenço Marques, von welchem die Limpopo-Linie am 1. August 1955 vollendet und mit großer Bedeutung versehen wurde. Der Limpopo-Fluß ist mit einer 600 m langen Holzbrücke überbrückt worden. Der dortige Bahnbezirk wies bis Anfang 1955 nur 47 Lokomotiven neun verschiedener Bauarten von vier Herstellern (Henschel, Baldwin, Porter, Canadische Lokfabrik Montreal) auf. Die Fertigstellung der Limpopo-Linie machte eine Erweiterung des Lokomotivbestandes unbedingt erforderlich. Henschel erhielt den Auftrag, 33 Dampflokomotiven schnellstens zu liefern. Diese gewiß nicht alltägliche Bestellung einer Bahnverwaltung, bei 33 Einheiten fünf verschiedene Typen zu verlangen, von denen drei neu zu konstruieren waren, die beiden anderen außerdem modifiziert werden mußten, macht die Schwierigkeiten des „harten" Lokomotivgeschäftes besonders deutlich. Und Henschel — die damals mächtigste Lokomotivfabrik Europas — entledigte sich der Aufgabe mit Bravour. Im Auftakt verließen die ersten 1E1-Lokomotiven, dann zwei für Beira bestimmte D1'-Tenderlokomotiven im Januar 1955 das Kasseler Werk. Das waren nur ganze zehn Monate nach Auftragserteilung! Im Laufe der folgenden vier Monate trat die letzte der 33 Maschinen ihre Reise nach Afrika an. Von den 31 nach Lourenço Marques verschifften Lokomotiven wurde Ende Juli 1955 als letzte eine 1E1 ausgeladen.

Jede der Streckenlokomotiven mußte sich eine gründliche Abnahmefahrt auf der 88 km langen Strecke Lourenço Marques bis Ressano-Garcia gefallen lassen. Alles klappte. Die pünktliche Ablieferung stimmte gut mit der beschleunigten Inbetriebnahme der neuen Limpopo-Linie überein, und man war zufrieden.

Zufrieden war man auch auf anderen afrikanischen Bahnen, wo Henschel Anfang der fünfziger Jahre gewaltige Henschel-Beyer-Garratt-Lokomotiven der Achsfolge (2'D1') (1'D2') hinlieferte. Henschel hatte mit der älteren Erzeugerin von Garratt-Lokomotiven, der Firma Beyer-Peacock, ein Lizenzabkommen zwecks gemeinsamer Nutzung der Patente, besonders für die Drehzapfen und Weiterentwicklung der Bauart, abgeschlossen. Damit erklärt sich die Bezeichnung „Henschel-Beyer-Garratt-Lokomotive". Für die Südafrikanischen Eisenbahnen (SAR) und für die Moçâmedes-Bahn lieferte man Lokomotiven von fast nordamerikanischen Dimensionen. Die SAR-Lok der Gattung GMAM mit nur 1067 mm Spurweite und 15 t Achsdruck hat die gleiche Zugkraft, die gleiche Heizfläche und die gleiche Leistung wie die deutsche regelspurige Mammut-1E1-Lokomotive der Reihe 45! Die Maschinengestelle der SAR-Garratt-Lok erhielten je ein aus einem Stück gegossenes Stahlgußbett von der Commonwealth Steel Castings Corporation in Granite City (Ohio). Jene Stahlgußbetten mit je 12,65 t Gewicht waren übrigens nicht schwerer als vergleichbare Barrenrahmen mit den zugehörigen angebauten Einzelteilen.

Große Lieferungen werfen natürlich auch die Wartungs- und Ersatzteilfrage auf. Überseeische Bahnverwaltungen fordern mitunter gewisse Ersatzteile gleich bei der Lokbestellung an. Zu Loklieferungen mit größerer Stückzahl der gleichen Dampflokserie wird oft ein Ersatzkessel dazubestellt. Für Diesellokomotiven beschafft man manchmal gleich Austauschtriebgestelle, und bei elektrischen Lokomotiven sind Fahrmotoren oder Getriebeteile begehrte „Vorsorge-Zutaten".

Viele Lokomotivfabriken haben eine ständige Auftrags-„Grundlast" an Ersatzteilen für Lokomotiven von Bahnen aller Länder. Lokomotivzylinder, Kuppel- und Treibstangen, Getriebe, Rahmen, Radsätze, Achslager und Lenkgestelle gehören zu den meistgefragten größeren Ersatzteilen. Aber auch „kleinere" Austauschobjekte, darunter Paßschrauben, Pumpen, elektrische Armaturen, elektrische Schalter, Stromabnehmer und Kupplungsteile, werden häufig verlangt. Eisenbahn-Unfälle ziehen in vielen Fällen Nachbestellungen von Lokomotiv-Aufbauten, Lenkgestellen und Lokomotivrahmen nach sich. Die Bahnwerkstätten übernehmen dann Demontage und Montage selbst. Andernfalls kommen Schadlokomotiven in Lokomotivfabriken — natürlich nicht ohne vorher ein Schätzpreis-Angebot für die Wiederaufarbeitung eingeholt zu haben.

Für die Lokomotiv-Fabriken bilden Ersatzteil-Aufträge, sofern solche nicht auf Grund von Garantieleistungen auszuführen sind, natürlich gewisse Einnahmequellen. Bei Vollnutzung der Werkstattkapazität sind allerdings derartige Teile-Aufträge nicht sehr willkommen, denn dem Lokomotiv-Großauftrag wird meist der Vorzug gegeben. Das gewinnbringende Geschäft bietet in der Regel die Lokomotiv-Nachbestellung. Konstruktionsarbeiten sind dann kaum nötig. Die Zeichnungen und Material-Stücklisten liegen vor. Die Werkstoff-Bestellung ist dann nur auf die neue Stückzahl abzustimmen, während die Werkstatt-Arbeitsvorbereitung sich lediglich auf andere Termine und bei Stückzahländerung auf neue Vorgabe-Zeiten in der Fertigung einrichten muß. Selbstverständlich ist die Freude beim Eintreffen einer Nachbestellung keine unumstrittene. Zwischenzeitliche Werkstoffkosten- und Lohnerhöhungen oder gewünschte Detail-Änderungen können schon die vorhandene Kalkulation über den Haufen werfen und manchen Ertrag schrumpfen lassen. Immerhin, die Nachbeschaffung stärkt allen beteiligten Lokomotivbauern den Rücken. Sie finden ihre gute Arbeit bestätigt, und nur Gutes wird ein zweites oder drittes Mal bestellt!

Von Nachbestellungen bei den zahlreichen Werken der Lokomotiv-Industrie brauchen wir nicht allzuviel zu reden. Bereits der Unbefangene weiß, daß unsere Bundesbahn-Lokomotiven der großen Stückzahlen in ihrer bemerkenswerten Menge nur durch Nachbestellungen zustande gekommen sind. Wir nennen nur die Dampflokomotiven der Baureihen 023 und 082, die Diesellokomotiven der Baureihen 211, 216, 260 und die elektrischen Lokomotiven 110 und 140. Im Ausland ist das nicht anders, und Freude empfindet man im Konstruktionsbüro auch, wenn noch während des Baues die Stückzahl der Lokomotiv-Bestellung erhöht, vielleicht sogar verdoppelt wird wie beispielsweise bei einem Irak-Auftrag, den die Maschinenfabrik Esslingen Mitte der fünfziger Jahre abwickelte . . .

Zweihundert Lokomotiven der Baureihe 103 werden in den nächsten Jahren eine Qualitätsleistung der Deutschen Bundesbahn garantieren: Höchstgeschwindigkeiten bis über 160 km/h auch bei schwersten D-Zügen und ein Spitzentempo von 200 km/h. Das ist wohl die „zugkräftigste“ und erstaunlichste Nachbestellung einer bisher nur aus vier Einheiten (E 03 001—004) bestehenden Lokomotivgattung! Die Forderung der Zeit nach gesteigertem Tempo veranlaßte die Bundesbahn, diese zweihundert Schnellfahrlokomotiven mit über 12 000 PS Spitzenleistung pro Maschine in den nächsten Jahren zu beschaffen. Die ersten dieser Nachbestellungen werden bei Erscheinen dieses Buches bereits abgeliefert sein. Schließlich ist dieser Tatbestand, dieses erfreuliche Ereignis, auch eine Genugtuung für die Entwicklungsfirmen Siemens und Henschel, deren vorheriges E 03-Paradepferd sogar in der Bundesversuchs- und Forschungsanstalt in Wien fast allen nur denkbaren Klima-Bedingungen unter Kälte- und Hitzegraden sowie unter simulierten Feuchtigkeitsverhältnissen der Luft auch verschiedenen „Witterungsbedingungen“ ausgesetzt war.

Nachbestellungen ähnlicher Art gab's auch bei den Italienischen Staatsbahnen, die fünfzig weitere ihrer Rekord-Elektro-Lokomotiven E 444 für 200 km/h Höchstgeschwindigkeit an die Industrie vergeben haben. Die ersten Einheiten hatten ihre Bewährungsprobe beinahe „mit Auszeichnung“ bestanden.

Die Technik schreitet fort

Gemeinsame Untersuchungen — Spannungsoptik —
Elektronische Steuerungen — Gummifederung —
Strömungsbremse — Formgestaltung

Ein wichtiger Faktor innerhalb der notwendigen Bemühungen um neue Techniken ist das Prüf- und Versuchswesen. Alle großen Bahnverwaltungen und auch viele Lokomotivfabriken sehen darin eine der bemerkenswertesten Chancen für den Fortbestand und die Breitennutzung einer modernen, zukunftsweisenden Eisenbahn-Konzeption.

Für Triebfahrzeuge hatte man beim damaligen Eisenbahn-Zentralamt Berlin — wegen der herausragenden Bedeutung der Lokomotiventwicklung — schon frühzeitig ein spezielles Versuchsdezernat eingerichtet. Wir wissen, daß bereits kurz nach dem Ersten Weltkrieg eine intensive technische Neuentwicklung begann, deren Kennzeichen neben der bekannten Baugruppen-Vereinheitlichung vor allem die Einführung neuer Werkstoffe, Konstruktionspraktiken und Fertigungsverfahren, aber auch die Anfänge der Dieselzugförderung und die Schaffung automatischer Bremssysteme waren. Das Reichsbahn-Versuchsamt für Loko-

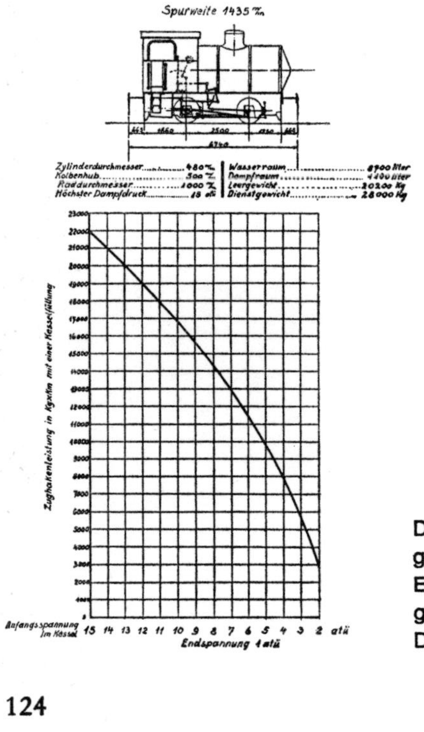

Das ist „nur“ das Leistungs- und Kesseldruck-Diagramm einer älteren Dampfspeicherlokomotive. Die Erprobung der Lok muß die im Schaubild eingetragenen, durch eine Kurve verbundenen rechnerischen Daten rechtfertigen. (Zeichnung: Esslingen)

motiven und Triebwagen in Berlin-Grunewald und das Elektrotechnische Versuchsamt der Deutschen Reichsbahn in München-Freimann hatten in Fachkreisen einen ausgezeichneten Ruf — sogar weit über Deutschlands Grenzen hinaus.

Zwischen 1950 und 1955 war dann das nach dem Zweiten Weltkrieg entstandene Bundesbahn-Versuchsamt für Dampflokomotiven mit vielfältigen Untersuchungen, die sich aus der Entwicklung der seinerzeitigen Neubau-Dampflokomotiven ergaben, fast „ausgebucht“. Neue Aufgaben stellten die Ölfeuerungen und das betriebliche Verhalten der Lokomotiven mit Franco-Crosti-Kesseln. Die Versuche an Brennkraft-Schienenfahrzeugen übernahm im Jahre 1952 die eigens geschaffene Abteilung für Brennkrafttechnik der Eisenbahn-Versuchsanstalt München.

Wie weit die Erprobungen und Meßergebnisse großer Bahnverwaltungen die Bestellungen bei der Lokomotiv-Industrie beeinflußten, zeigen zwei Beispiele: Leistungs-, Funktions- und Verbrauchsprüfungen an einer von der Deutschen Bundesbahn leihweise zur Betriebserprobung von den Schweizerischen Bundesbahnen überlassenen BBC-Gasturbinenlokomotive hatten zu keiner deutschen Bauvergabe für solche oder ähnliche Konstruktionsausführungen Anlaß gegeben. Erst im Jahre 1956 hatte man mit der Inbetriebnahme der vierachsigen Mehrzweck-Turbo-Diesellok V 169 001 (neue Betriebs-Nr. 219 001) der Gasturbine — hier in Form eines „Booster“-Antriebs — wieder Chancen eingeräumt, die schließlich im deutschen Serien-Diesellokomotivbau auch wirklich zur Geltung kamen. Das zweite einschlägige Beispiel sind die ersten Leistungsprüfungen an der Diesellokomotive V 200. Sie „schlugen“ zunächst wesentlich besser ein, so daß größere Bestellungen — später in verstärkter Bauart — nicht ausblieben. Die Krauss-Maffei AG hatte damit immerhin mindestens für längere Zeit eine gewisse „Grundlast“ in ihrer Diesellokomotiv-Montage im Hause.

Bedeutende Bahnverwaltungen können eben Lokomotivversuche in einem Umfange vornehmen, wie es den Lokomotivfabriken in der Regel einfach nicht möglich ist. Bekannt sind die Strömungs- und Fahrstromabnahme-Versuche sowie Laufgüte-Messungen bei hohen Geschwindigkeiten. Ausgedehnte Prüffahrten dieser Art nahmen die Italienischen Staatsbahnen (Istituto Sperimentale) und die Deutsche Bundesbahn unter Teilnahme von Fachleuten des ORE, von Hochschulen und aus der Lokomotivindustrie vor. Vor über einem Jahrzehnt benutzte man in Deutschland noch die von der AEG entwickelte E 18 44 mit einem entsprechenden Geräte-Vorbau zur Raucherzeugung für Strömungsuntersuchungen. Die technische Modernisierungswelle führte natürlich überall zu einer ausgedehnten internationalen technischen Zusammenarbeit und im Jahre 1950 zur Gründung einer neuen Organisation im Rahmen des Internationalen Eisenbahnverbandes (UIC), nämlich des Forschungs- und Versuchsamtes (ORE = Office des recherches et d'essais), mit Sitz in Utrecht. Dort werden die Forschungs- und Versuchsergebnisse der verschiedenen Bahnen zusammengefaßt und die einzelnen zweckdienlichen technischen Unterlagen an die Mitglieder verteilt. Es werden aber auch gewisse Studien auf gemeinsame Rechnung gemacht. Außerdem wurde die Auf-

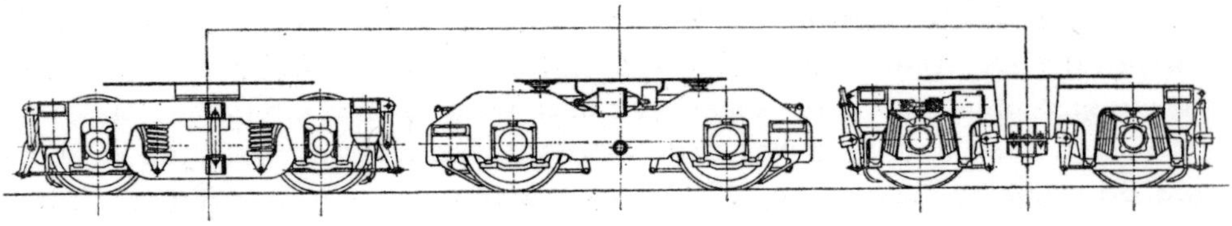

Austauschkonstruktionen für Diesellokomotiv-Drehgestelle. Innerhalb einer bestimmten Lokomotiv-Typenreihe, die man vielen Bahnverwaltungen anbietet, kann man mit Drehgestell-Variationen den verschiedensten Kundenwünschen gerecht werden. (Zeichnung: Esslingen)

gabe gestellt, Gestehungskostenverminderungen und die Rationalisierung der Fertigungsmittel sowie die Aufteilung von Bau-Aufträgen an die Industrien verschiedener Länder zu untersuchen und zu koordinieren. Wie beim früheren Verein Mitteleuropäischer Eisenbahnverwaltungen (VMEV) erstreckt sich der Aufgabenbereich des UIC auf alle Gebiete der Eisenbahntechnik. Durch das Verschwinden des VMEV haben die sogenannten Technischen Vereinbarungen (TV), an die sich natürlich auch die Lokfabriken halten mußten, ihre internationale Gültigkeit verloren. Der Inhalt ist jedoch weitgehend in andere Vorschriften und Richtlinien in neuer Form übergegangen. Auch daran ist die Industrie gebunden. Die Lokomotivfabriken — die wohl charakteristischste Eisenbahn-Industrie — haben als Partner der Schienenverkehrsträger wiederholt eigene, zum Teil auch grundlegende Untersuchungsergebnisse auf internationaler Ebene zustande gebracht. Im Jahre 1933 hatten die drei deutschen Großunternehmen des Elektromaschinenbaues, AEG, BBC (Mannheim) und Siemens, ihre Untersuchungen über „Die Bedeutung der Bahnelektrifizierung für den Arbeitsmarkt“ in einer Schrift veröffentlicht. Siebzehn Jahre später wurde unter den deutschen Motoren- und Getriebeherstellern sowie der Waggon- und Lokomotivindustrie die Arbeitsgemeinschaft „Dieselschienenverkehr“ gegründet, um wirtschaftliche und technische Voraussetzungen des Dieselschienenverkehrs zu untersuchen. Mehrere Jahre danach konstituierte sich die „Arbeitsgemeinschaft für Planung und Durchführung von 50-Hz-Bahnelektrifizierungen“ unter Beteiligung belgischer, deutscher, französischer und schweizerischer Firmen. Die ersten Erfolge waren Auftragseingänge für die Bahnelektrifizierung im Raum Lissabon sowie für elektrische Triebfahrzeuge zum Einsatz in Indien, Portugal, Chile und in der Türkei.

Wir haben es eben immer wieder mit Fakten zu tun, die einer unaufhaltsam fortschreitenden Technik entspringen. Man begnügt sich im heutigen Waggon- und Lokomotivbau nicht mehr mit konventionellen Rechenmethoden der Festigkeitslehre klassischer Prägung. Für statische Vorberechnungen werden oft unter den Bedingungen kalkulierter Erfahrungswerte im voraus dimensionierte Modellteile hergestellt, die in einer zweiten Ermittlungsstufe auf Grund spannungs-

Tafelseite 127. Die 400ste Krauss-Maffei-Elektro-Neubaulokomotive für die Deutsche Bundesbahn verläßt die Schiebebühne des Münchener Werkes. (Foto: Krauss-Maffei)

Ein Lokomotivfabriken-Jubiläum besonderer Art: Die hundertste gemeinsam von der AEG und Krupp gebaute Neubau-Elektrolokomotive E 50 für die Deutsche Bundesbahn (Foto: Messerschmidt)

Tafelseite 128: Übergabebereite diesel-elektrische 2000-PS-Lokomotive mit 25 t Achsdruck für die Bong Mining Company in Liberia. Erbauerfirmen: BBC und Krauss-Maffei. Baujahre 1964/65 (Foto: Krauss-Maffei)

optischer Untersuchungen bei Durchstrahlung mit polarisiertem Licht und praxisnahen Kraft-Einleitungen dann genau Kraftflüsse in ihrer verschiedenen Intensität leicht erkennen lassen. Zur Aufnahme der Isochromaten und Isoklinen werden in der Regel Modelle aus Kunstharz benutzt. An tragenden Lokomotivaufbauten oder an Stangenköpfen können mit dieser spannungsoptischen „Modell-Methode“ beispielsweise die Kraftverteilungen beim Pufferdruckversuch bei senkrechten oder anders gerichteten Lasten genau erfaßt werden, so daß die Ergebnisse am Modell für den Konstrukteur von außerordentlicher Wichtigkeit sind. Bei den Radsatz-Konstruktionen der deutschen Schnellfahrlok E 03 (103) spielten spannungsoptische Voruntersuchungen eine unschätzbare Rolle: Die Isochromatenbilder unter Belastung der Radscheiben durch Außen- und Innendruck gaben sehr wertvolle Fingerzeige für die Anbringung der Dehnungsmeßstreifen zur späteren exakten Spannungswert-Ermittlung.

In die Konstruktionsarbeiten wurden längst elektronische Bau-Elemente einbezogen. Schon vor einem Jahrzehnt konnte von ersten Erprobungen steuer- und leistungselektronischer Bauglieder berichtet werden. Heute wird kein neues elektrisches Triebfahrzeug entwickelt, für das nicht die „Elektronik“ irgendwie in Frage kommt. Ihre Vorteile liegen auf der Hand: Kontaktloses Schalten, Gewichtsverminderung und die Möglichkeit zur Lösung komplizierter Regel- und Steueraufgaben. Musterbeispiele aus jüngerer Zeit sind die deutschen und italienischen Schnellfahrlokomotiven 103 (DB) und E 444 (FS). Aber auch im Diesellokomotivbau wendet man schon „Elektronengehirne“ an. Als erstes Unternehmen der Welt hat die Klöckner-Humboldt-Deutz AG im Jahre 1968 eine dieselhydraulische Drehgestell-Lokomotive mit einem elektronischen Steuersystem ausgestattet. Diese in die für die Dortmunder Hafen- und Eisenbahn AG bestimmte Diesellok eingebaute Elektronik steuert vollautomatisch die Leistungsabgabe des Motors. Sie steuert und „denkt“ schneller als der erfahrenste Lokführer. Die Elektronik sorgt dafür, daß die Zugkraft auch im Teillastbereich immer optimal nahe an der Reibungsgrenze bleibt, ohne ein Radschleudern zu verursachen. Damit ist die volle Nutzung des für 1600 PS ausgelegten Dieselmotors bei höchster Wirtschaftlichkeit gewährleistet. Diese Deutz-Lokomotive weist eine weitere Besonderheit auf. Für die Achsfederung werden zwar seit Jahren Gummi-Elemente, Metallgummi-Federn oder verschleißfreie Gummiringfedern verwendet, die sowohl die Federung als auch die Führung im Rahmengehäuse übernahmen. Aber die konsequente „Weiterzüchtung“ wurde erst bei der Deutzer Bauart DG 1500 verwirklicht. Erstmals ist nun auch der gesamte Lokomotivrahmen durch verschleißlose Gummiringfedern auf den Drehgestellen abgefedert. Die Drehzapfen entfielen, weil ein Gummikegel-Drehkranz ihre Aufgaben mitübernahm.

Erkenntnisse des In- und Auslandes sind im Lokomotivbau keinesfalls „Geheimsachen“. Man tauscht Gedanken aus und entwickelt vielerorts gemeinsam. Selbst die tschechoslowakischen Lenin-Werke in Pilsen (früher Škoda) pflegten eine technische Zusammenarbeit zum westlichen Ausland. Zusammen mit den Firmen

Séchéron (Genf) und der Schweizerischen Lokomotiv- und Maschinenfabrik (Winterthur) hatten sie Mitte der fünfziger Jahre für die Tschechoslowakischen Staatsbahnen eine elektrische Mehrzwecklokomotive, Baureihe E 499.0, gebaut, bei der ein Séchéron-Kardangetriebe für die Kraftübertragung vorgesehen wurde. Die ersten Lieferungen umfaßten 17 Einheiten.

Bei der Konstruktion diesel-hydraulischer Lokomotiven kam übrigens noch ein neuer Wind mit der Entwicklung von Voith-Strömungsbremsen in Verbindung mit Turbogetrieben in die einschlägige Technik. Das im Jahre 1960 in großem Stile erstmals herausgebrachte Lokomotiv-Bremsprinzip ähnelte den sogenannten Wasserwirbelbremsen, wobei es in unserem Falle freilich galt, zunächst die Leerlaufverluste zu beseitigen, eine hervorragende Regelfähigkeit zu schaffen und für eine sichere Wärmeabfuhr zu sorgen. Die gute Bewährung hat inzwischen dazu geführt, daß die Bundesbahn-Diesellokomotiven der Reihe 215 serienmäßig mit Strömungsbremse ausgerüstet wurden. Die anfangs eigentlich für Dauerbremsung auf Gefällstrecken kreierte hydrodynamische Bremse wurde nun auch als Geschwindigkeitsbremse herangezogen. Sie ist jetzt anrechnungsfähig auf die erforderlichen Bremshundertstel und wurde somit zu einer echten Betriebsbremse.

So gut wie jede renommierte Firma pflegt die Lokomotiv-Industrie gewisse Eigen-Initiativen bei der Konstruktion und bei der Fertigung. Dabei läßt man sich aus nicht ganz unbestrittenen Konkurrenzgründen vorläufig nicht in die Karten sehen. Manche betriebliche und konstruktive Verbesserung kann sich eben recht positiv auf die Angebots- und Verkaufspreise auswirken. Und wer möchte nicht im Rennen bleiben? Trotzdem ist Lokomotiv-Entwicklung keine Geheimnistuerei, weil die Konzepte, die internationale Verflechtung und auch der gute Wille Voraussetzungen für erfolgreiche Arbeit sind.

Wir sehen also bereits, wohin der Hase in der Lokomotive-Entwicklung läuft. Das Wort Automatik nimmt eine Schlüsselstellung ein. Der Lokführer braucht in Zukunft nur noch „Soll-Geschwindigkeiten“ am Fahrschalter einzustellen. Über Impulsgeber und Impulsverstärker wird der eingestellte Wert in einem Speicher registriert und in einem Digital-Analog-Umsetzer in den analogen Sollwert umgewandelt, der mit der vom Linienleitsystem der Strecke gegebenen Grenzgeschwindigkeit verglichen wird. Von den beiden Sollwerten wird der kleinere als endgültiger Geschwindigkeits-Sollwert dem Geschwindigkeitsregler zugeführt. Dann erfolgt ein Vergleich zwischen dem Geschwindigkeits-Sollwert mit der vom Geschwindigkeitsmesser gemeldeten Ist-Geschwindigkeit. Sind beide Geschwindigkeiten gleich, dann wird die gerade vorhandene Zug- oder Bremskraft beibehalten. Andernfalls gleicht der Regler die Geschwindigkeitsdifferenz aus, und er veranlaßt eine entsprechende Änderung der Zug- oder Bremskraft. Jene Technik ist natürlich noch viel komplizierter als sie in diesen wenigen Sätzen erscheint. Zu den weiteren Einrichtungen der selbsttätigen Geschwindigkeitsregelung gehören nämlich u. a. noch Beschleunigungsregler, eine Druckluftsteuerung, die Schleuderschutz- und Gleitschutzeinrichtung, die Fahr-Bremsumschaltung und das System der Linienzugbeeinflussung.

Die Motoren von Bundesbahn-Elektrolokomotiven sind bisher im allgemeinen in der sogenannten Isolierstoffklasse B ausgeführt worden. Versuchsweise kamen dann Fahrmotoren für Lokomotiven der Baureihe 110/140, der Reihen 141 und 103 mit der Isolierstoffklasse F in Betracht, die durch Verwendung von thermisch und elektrisch höher beanspruchbaren Isolier- und Tränkstoffen für die Wicklungen gekennzeichnet ist. Die Grenztemperaturen für F-Isolierungen betragen bei der Läuferwicklung 180 °C (gegenüber 160 °C) und bei der Ständerwicklung 195 °C (gegenüber 170 °C bei B-Isolierung). Die höheren zulässigen Motorerwärmungen ergeben bis zu 30% höhere Leistungen durch den möglichen größeren Kupferfüllfaktor. Und noch eines ist in diesem Zusammenhang bemerkenswert: In der Regel war die Dauerzugkraft der Einphasen-Wechselstromlokomotive durch die Fahrmotoren und deren Erwärmung gegeben. Bei den Schnellfahrlokomotiven der Reihe 103 ist erstmals vom Transformator die Grenze bestimmt worden. Das ist ein Novum in der Entwicklung des $16^2/_3$-Hz-Einphasenbauarten. —

Während im VEB Lokomotivbau „Karl Marx“, Babelsberg, noch im Jahre 1969 eine Serie normalspuriger Dampfspeicherlokomotiven gebaut wurden, geht andernorts die Lokomotiventwicklung mit Riesenschritten voran. Man befaßt sich in verstärktem Maße mit elektrischen Rotations- und Linearmotoren, Dieselmotoren und Gasturbinen. Beim elektrischen Antrieb steht die zuverlässige Stromzuführung im Vordergrund. Man hat die Zahl der Kontaktunterbrechungen am Fahrdraht mit der vierten Potenz der Geschwindigkeit festgestellt. Das ist ein Maßstab für den Verschleiß der Fahrleitung. Die Nutzungsdauer ist immer wieder ein Zentralthema. Versuchsweise sind bei Bundesbahn-Elektrolokomotiven die Laufkilometer-Grenzwerte für die Untersuchung der Drehgestelle auf 600 000 km, auf 1 200 000 km für die Untersuchung des Fahrzeugaufbaues mit Zwischenprüfung der Lok nach 300 000 km und 900 000 km heraufgesetzt worden.

Wie ärmlich sind dagegen die Kraftfahrzeuge dran, die man viel öfter untersuchen muß und schon nach 100 000 bis 200 000 km auf den Schrottplatz schickt! Wie rückschrittlich ist das Abgasproblem behandelt worden und wie mühsam gehen Versuche mit der Wiedergeburt eines Dampf- oder Elektroautos voran!

Die Elektroniker von Siemens, der AEG, von BBC und anderen Firmen haben viel Gehirnschmalz verwendet, um der Lokomotivtechnik ein neues, zukunftsweisendes Gepräge zu geben. Diese Techniken sind dem individuellen Straßenverkehr weit voraus. Wie primitiv muten die „Asphalt-Steuerungstechniken“ an! Verkehrsampeln, Leitlinien, Leitplanken, Verbots- oder Warnschilder sind eigentlich Erscheinungen, die mit den „Kindertagen“ der Eisenbahnbetriebstechnik etwa vergleichbar sind.

Gewiß, in der Formgestaltung mögen die Automobilbauer den Lokomotiv-Konstrukteuren um eine Nasenlänge voraus sein. Aber die Schienenfahrzeugbauer haben sich schon wieder etwas einfallen lassen: Bei der Bundesbahn ist bereits eine Zentralstelle für Design-Aufgaben eingerichtet und dem Bundesbahn-Zentralamt München angegliedert worden. Die Arbeiten jenes „Design-Centers“

sollen die Gestaltung und Formgebung der Verkehrsanlagen, der Graphiken und vor allem der Schienenfahrzeuge, die das „Image“ der Eisenbahn vordergründig mitbestimmen, in den Mittelpunkt einer marktorientierten Unternehmensführung stellen.

Die Technik schreitet fort, die Formgebung der Lokomotiven folgt dem Zug der Zeit . . .

Jede Lok stirbt einen Tod

Ausmusterung — Ersatzteilspender — Schrottplatz, Denkmal oder Museum

Auf Anregung von Eisenbahnfreunden fand am 21. Mai 1957 in Madrid eine Feier zum hundertjährigen Betriebsjubiläum der RENFE-Lokomotive 030.2013 statt. Jene dreifach gekuppelte Dampflok gehörte einer Reihe von 20 Stück gleicher Bauart an, die im Jahre 1857 in Leeds gebaut und an die Madrid-Zaragoza-Alicante-Bahngesellschaft geliefert wurde.

Die Jubiläumslok hatte bis 31. 12. 1956 nicht weniger als 2 603 725 Kilometer zurückgelegt. Das ist eigentlich gar keine so große Laufleistung, wenn man bedenkt, daß die im Jahre 1925 gebaute Borsig-Lokomotive 01 001 nach nur 33jähriger Dienstzeit bis zur Ausmusterung 3 372 000 Kilometer „auf dem Buckel" hatte. Vergessen wir dabei jedoch nicht, daß die alte RENFE-Lokomotive von Wilson aus Leeds die letzten Jahrzehnte nur im Kurzstreckenverkehr, hauptsächlich aber im Verschiebedienst eingesetzt war, während die 01 der Deutschen Reichsbahn ja für den Schnellzugdienst zwischen den deutschen Großstädten vorgesehen war.

Schon viele bewährte und berühmte Lokomotiven mußten den Weg allen alten Eisens antreten. Die mächtigen 2'D 2'h2-Lokomotiven mit achtachsigem Tender, die vor dem Zweiten Weltkrieg in 12 Exemplaren von Baldwin an die Atlantic Coast Line geliefert wurden und für Langläufe von 1060 Kilometern zwischen Richmond und Jacksonville vorgesehen waren, sind verschwunden. Die 30 Einheiten gleicher Achsfolge für die Chicago, Milwaukee, St. Paul und Pacific Railroad, in den Jahren 1938/1939 ebenfalls von Baldwin beschafft, mußten auch ihren Dienst quittieren. In Deutschland fehlen längst die 2'D 2'-Stromlinienmaschinen Baureihe 06 Kruppscher Herkunft, die Drillingsmaschinen Baureihe 03^{10} der Konzeption Borsig-Reichsbahn oder die verschiedenen Franco-Crosti-Güterzuglokomotiven. Die preußische G 12 hatte bei der Deutschen Bundesbahn kein langes Leben. Und doch konnte sie der Autor als Reihe 36 noch im Jahre 1969 in Jugoslawien entdecken. Die Zahl der Beispiele wäre zu groß, um hier nur annähernd die bemerkenswertesten Serien- und Sonderlokomotiven zu nennen, die das Zeitliche längst gesegnet haben. Diesellokomotiven und elektrische Triebfahrzeuge würden in einer solchen Ausmusterungs- und Verschrottungsliste nicht fehlen. Manches Werkarchiv enthält noch rückschauende Biographien.

Der Tod von Lokomotiven ist oft recht traurig. Manche Maschinen verfallen auf Abstellgleisen einem jahrelangen Siechtum. Sie werden ausgeschlachtet, Teil für Teil. Man rüstet noch einige ältere Lokomotiven, von denen man sich mehrere

Jahre Lebensdauer verspricht, mit der induktiven Zugbeeinflussung aus. Was liegt näher, als Altteile dafür von ausrangierten Dampflokomotiven abzuschrauben? Eine solche Aktion begann im Jahre 1969 bei der Deutschen Bundesbahn. Aber auch Armaturen, Bremszylinder, Gestängeteile, Zylindersicherheitsventile, Luft- und Speisepumpen sind beliebte Ausschlacht-Objekte, wenn wir mal von Buntmetallteilen absehen.

Als nach dem Ende des Zweiten Weltkrieges das große Lok-Instandsetzungsprogramm in allen Ausbesserungswerken und Lokomotivfabriken begann, war man froh, auf Kriegsschadlokomotiven als Ersatzteilspender zurückgreifen zu können. Neubauteile gab es ja kaum. Heute lohnen sich Neuanfertigungen von Armaturen und ähnlichen Einzelteilen für nur noch wenige Jahre zu erhaltende Dampflokomotiven nicht mehr. Deshalb ist die Ersatzteilentnahme bei ausgemusterten Lokomotiven wieder ein durchaus legitimes Verfahren. Schließlich ist die Deutsche Bundesbahn ein streng wirtschaftendes, im Wettbewerb der Verkehrsträger stehendes Unternehmen. Aber wehmütig stimmen die Bilder auf den riesigen Lokomotiv-Friedhöfen Europas, auf den Schrottverarbeiteplätzen, und in den Lokomotivschrott schluckenden Stahlwerken doch. Der Verfasser hat ungezählte Tummelplätze alter Lokomotiv-Veteranen besucht.

Sicher ist für zahllose Lokomotivfreunde und -liebhaber ganz aufschlußreich, einmal einen kurzen Überblick über all das zu erhalten, was sich beispielsweise auf deutschen und italienischen Lokomotiv-Schrott- und Ausmusterungsplätzen während verschiedener Zeiten eingefunden und gesammelt hat:

1959 in Wintersdorf
Kondenslok 52 2014, 44 043, 44 558, 42 1266, 57 2183, 74 869

1960 in Wintersdorf
44 075, 44 270, 44 1407

1960 in Kempten
38 2612, 98 1802

1960 in Stuttgart-Nord
75 066, 93 715, 38 1597

1962 in Kornwestheim
44 330, 92 223, 50 2971, 44 520, 94 1209

1962 in Wintersdorf
44 502 (Krauss-Maffei), 44 133 (Borsig), 44 161 (Schwartzkopff)

1964 in Strassoldo (Italien)
743.416 (Franco-Crosti-Lok), 743.354 (Franco-Crosti-Lok), 875.023, 685.958 (Caprotti-Steuerung), 685.984 (Coprotti-Steuerung)

1964 in Lindau
18 602, 18 605, 18 613, 18 619, 50 2647

1965 in München
54 1641, 78 176

1966 in Terni (Italien)
851.199, 851.068, 471.038

1966 in Ulm
50 672, 03 288 (Borsig), 18 628

1967 in Straubing
78 162, 64 425, 57 2147, 64 298

1967 in Strassoldo (Italien)
736.181 (Erbauer ALCO, Fabr.-Nr. 71 591), 875 073

1967 in Esslingen (AW-Gelände)
39 204, 86 578, 86 370

1968 in Novara (Italien)
640.077 (Breda, Baujahr 1909), 640.154

1968 in Verona (Italien)
E 554.012, 480.008 und eine E 333

1969 in Laupheim
94 1377, 38 3076, 94 1064

1969 in Cosenza (Italien)
Dampflokomotiven MCL 172, CL 408 und CL 171 der Ferrovie Calabro-Lucane. Die CL 408 wurde im Jahre 1931 von der CEMSA, Saronno (Nachfolgewerk der italienischen Filiale der Maschinenfabrik Esslingen), gebaut.

1970 in Ludwigshafen
010 002 (Krupp), noch als Heizlok verwendet

1970 in Catania (Sizilien)
480.003 (stärkste italienische Güterzug-Dampflok) und
746.017 (1D1-Vierzylinder-Reisezuglok)

Viele der längst ausgemusterten Lokomotiven fielen nur deshalb der Verschrottung nicht zum Opfer, weil man sie noch brauchte. Die 18 612 und eine alte G 10 wurden zu Heizlokomotiven im Bahnbetriebswerk Kempten gemacht;

eine P 10 (39 073) stand lange Jahre im Bahnbetriebswerk Plochingen für den gleichen „degradierenden“ Zweck. Diesel- und Ellok-Veteranen wurden gern noch zu Verschiebezwecken in Ausbesserungswerken benutzt. Manche der Gealterten haben sogar noch Käufer gefunden, um woanders irgendeinen Dienst zu tun.

Die schönsten Tage im Pensionsalter verbringen aber nur wenige Lokomotiven. Auserwählte werden fürs Museum herausgeputzt, andere sind stolz auf einen Denkmalssockel im Freien.

Auf Abstellgleisen oder Lokomotiv-Denkmalen findet der aufmerksame Betrachter zahlreiche gewöhnliche und ungewöhnliche Bauteile und Einrichtungen. Hochtemperatur-Kesselspeiseapparate mit Vorwärmer, Wasserreinigungs- und Entgasungsvorrichtung nach dem System der L'Auxiliaire des Chemins de Fer et de l'Industrie, Paris (ACFI) oder weiterentwickelte Steuerungsbauarten (Cossart, Caprotti oder Günther/ME) gehören zu den von Eisenbahnfreunden vielbewunderten Ausrüstungen, aber auch Kondensationstender und Stokerfeuerungen sind Objekte konstruktiver Vergangenheit mit nachwirkendem Interesse.

Bei einem Sonntagsspaziergang über große Lokomotiv-Friedhöfe kommt man leicht ins Sinnieren. Es kommen Gedanken an englische Dampflokomotiven des vergangenen Jahrhunderts mit 2400 bis 2700 mm Treibraddurchmesser. Man erinnert sich an Lokomotiven mit 710 mm und sogar 760 mm Kolbenhub. Um günstige Zugkraftgrößen zu erreichen, sind solche „Langhuber“ erfunden worden, obwohl dabei natürlich auch die mittlere Kolbengeschwindigkeit im allgemeinen wächst und höhere Verdampfungsleistung dem Kessel abverlangt werden muß. Aber Kolbengeschwindigkeiten bis zu 9,16 m/s sind bei Lokomotiven für britische Schnellzüge vor dem Zweiten Weltkrieg nicht selten gewesen. Die Gedanken schweifen beim Gang zwischen den dahinrostenden Schienengiganten vielleicht auch weit zurück in die Historie zur 1'Bo-Dampflokomotive der französischen Nordbahn, die nach einem Entwurf von de Glehn (Elsässische Maschinenfabrik, Grafenstaden und Belfort) auf der Pariser Weltausstellung 1889 als erste Vierzylinder-Verbundlokomotive vorgestellt wurde. Es fehlten noch die Kuppelstangen. In Zusammenarbeit mit du Bousquet (französische Nordbahn) wurden dann nach Einführung der Kuppelstangen die berühmten 2'B-Vierzylinder-Verbundlokomotiven mit zwei Paaren gegenläufiger Triebwerke im Jahre 1890 geschaffen.

Es sind Reminiszensen aus früheren Konstruktionsepochen. Alte Reichsbahn-Motorlokomotiven und elektrische Lokomotiven (E 77, E 05) haben längst ausgedient. Vor sich sieht man bereits andere, relativ junge Traktionsmittel, die E 17 vielleicht, aber auch die E 75 und E 91 oder bewährte Dampflokomotiven mit Giesl-Flachejektor, zum alten Eisen wandern. Die Schicksale sind unabwendbar, der erfinderische Mensch selbst bestimmt den Rhythmus seiner Technik, die Lebensdauer seiner Erzeugnisse.

Die Einzelgängerinnen V 300 (umgenummert in 230 001) und die Henschellok DE 2000 (umgenummert in 202 001) sind sicher nicht dafür ausersehen, ein langlebiges „Helden-Dasein“ zu führen. Manche alte Dampf- und Ellok ist Übungszwecken für die Unfall-Bergungen oder für Aufgleisarbeiten zugeführt worden.

Tafelseite 137, Lokomotive mit der Fabriknummer 5000 der Maschinenfabrik Esslingen. Sie wurde im Jahre 1952 geliefert und war für die Schwedische Staatsbahn bestimmt. (Foto: Esslingen)

Aus einem Diesellokomotiv-Prototyp wurde die Bundesbahn-„Einzelgängerin“ V 300 001 (umgenummert in 230 001). (Foto: Kraus-Maffei)

Tafelseite 138. Eine Diesellok-Gemeinschaftskonstruktion der Italienischen Staatsbahnen und der italienischen Industrie, bei der auch sogenannte Formgestalter mit am Werk waren. Lok D 343 in Cremona

Prototyp einer vierachsigen Bundesbahn-Diesel-Turbinenlokomotive, Betriebsnummer V 169 001 (219001). Erbauer: Klöckner-Humboldt-Deutz (Foto: Messerschmidt)

Tafelseite 139. Eine der 4000-PS-Diesellokomotiven für die Denver & Rio Grande Western Railroad wird im Hafen von Bremen verladen. 150 Tonnen Gewicht hängen am Verladegeschirr!
(Foto: Krauss-Maffei)

Das „Prunkstück“ auf dem Henschel-Stand der Hannoverschen Messe im Jahre 1963 war die stärkste Diesellok der Deutschen Bundesbahn: V 320 001!
(Foto: Messerschmidt)

Tafelseite 140. Lokomotiven müssen ihre Bewährungsprobe im täglichen Dienst bestehen. Die Lokomotivfabriken gehen Garantieverpflichtungen ein. Hier sehen wir die V 320 001 im harten und rauhen Winterdienst.

Versuchsfahrten mit Stromabnehmern. Im Bild die E 10 300 mit je einem Einholm- und einem konventionellen Scherenstrom-Abnehmer. Fahrt am 1. November 1965 (Fotos: Messerschmidt)

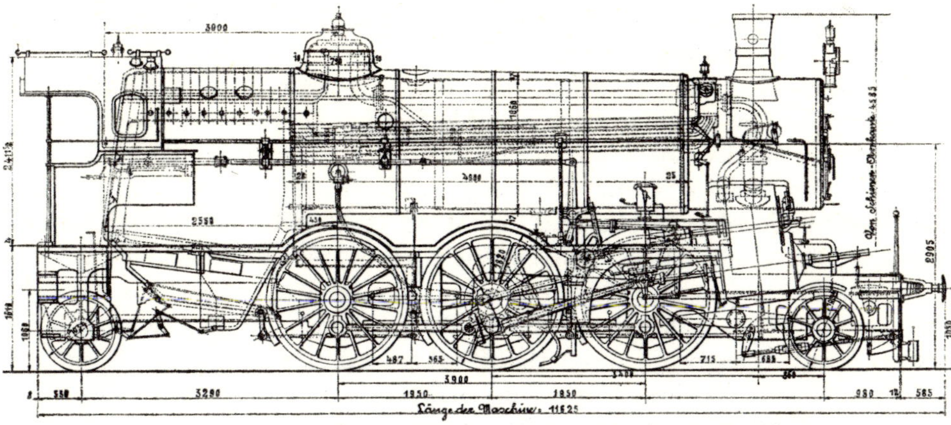

Schrott, Denkmal oder Museum — das sind die für ein Lokomotiven-Schicksal so entscheidenden Fragen am Ende des Werdeganges. Hier haben wir es mit einer Heißdampf-Vierzylinder-Verbund-Schnellzuglokomotive, Serie 10, der ehemaligen k. k. österreichischen Staatsbahnen zu tun. (Zeichnung: Sigl)

Aber Museums- und Denkmalslokomotiven sind besser dran, wenngleich auch ihnen ganz bestimmt kein ewiges, in alle Zukunft reichendes Leben beschieden sein wird. Seien wir froh, wenn unsere Vorzugsobjekte einigen Generationen Lehre und Freude zugleich sein werden.

In Österreich, dem Heimatland eines Gölsdorf, eines Sanzin oder eines Rihosek, gibt es bereits zahlreiche Denkmalslokomotiven, darunter die 1'B n2 „Liacon" aus dem Jahre 1851, die C n2 „Fusch" des Baujahres 1868 und die C n2 „J. Haswell" vom Jahre 1869. Alle drei Maschinen stehen in Linz unter freiem Himmel. In Deutschland, dem Wirkungsgebiet Edmund Heusingers von Waldegg, eines Borsig, Kessler, Henschel, Krauss, Garbe und von Borries, hat man u. a. die Veteranen 99 253 (Regensburg), 70 083 (Mühldorf), 01 220 (Treuchtlingen), 85 007 (Konstanz) und 97 502 (Esslingen) aufgestellt, „konserviert" und der interessierten Nachwelt erhalten.

In den großen Museen bedeutender Städte wie München, Mailand, Nürnberg, London und Wien können ehrwürdige Schienentriebfahrzeuge aller Antriebsarten besichtigt werden, und die zahllosen Bemühungen von Eisenbahnfreunden vieler Länder, des Bundesverbandes Deutscher Eisenbahn-Freunde oder der Deutschen Gesellschaft für Eisenbahngeschichte e. V. finden ein beträchtliches Echo. Mehr und mehr wendet man sich jetzt auch der Erhaltung von Motor-Lokomotiv-Veteranen und ausgemusterten elektrischen Lokomotiven zu. Die elektrische AEG-Lokomotive E 3 der Landespostdirektion Berlin (Baujahr 1913) und eine zweiachsige Petroleummotor-Rangierlokomotive (Erbauer Deutz, 1912) gehören zu den jüngeren Erwerbungen der Deutschen Gesellschaft für Eisenbahngeschichte. Am 8. April 1969 wurde übrigens auch eine im Jahre 1900 gebaute

Straßenbahnlokomotive der ehemaligen Meißener Straßenbahn ins Dresdener Verkehsrmuseum transportiert.

Schneidbrenner, Denkmalssockel oder Museum, aber auch Kriegs-Bombenvolltreffer oder Unfall-Totalschäden beschließen den an den Reißbrettern begonnenen Werdegang der Lokomotiven. In der Konstruktionsphase möchte kein begeisterter, von „seinem Werk" überzeugter Konstrukteur an ein unrühmliches zukünftiges Ende seines Werkes, das ihm Mühe, Geistesarbeit und manchmal auch schlaflose Nächte bereitet hat, denken. Viele seiner Lokomotiven-Schicksale wird er nie erfahren und nachempfinden können. Wer weiß schon, was aus vor Jahrzehnten nach Vietnam, Rhodesien, Chile, Rußland oder China gelieferten Lokomotiven inzwischen geworden ist? Manchmal entdeckt ein Tourist, ein Eisenbahn-Fan, irgendwo abseits einer Wüste, eines Steppen- oder Industriegebietes noch ein uraltes Dampfroß. Wenn er dem vielleicht noch feststellbaren Lieferwerk ein Foto schickt, kann man die „Unbekannte" möglicherweise noch identifizieren und das Firmenarchiv bereichern. Aber solche erfreulichen Briefe mit Fotos kommen leider nicht täglich oder wöchentlich in die Lokomotivfabrik geflattert. Und so bleiben manche liebevoll entwickelten Lokomotiven durch traurige politische, wirtschaftliche oder technische Umweltsbedingungen „ungeliebt" im Dämmerzustand einer Eisenbahn irgendwo in der Welt . . .

ANHANG

Statistik:

Einige der bedeutendsten Diesellokomotiv-Exporte
der deutschen Lokomotivindustrie im letzten Jahrzehnt

Ägypten

Jahr 1960: 70 Einheiten diesel-elektrischer Bo'Bo'-Drehgestell-Lokomotiven vom Typ AA 12, 38 Einheiten diesel-elektrischer (A1A)'(A1A)'-Drehgestell-Lokomotiven vom Typ AA 16.
Spurweite 1435 mm.
Lieferant: Rheinstahl-Henschel

Indonesien

Jahr 1964/65: 45 Einheiten diesel-hydraulischer B'B'-Lokomotiven vom Typ M 1500 B'B' für Indonesiens Staatsbahnen.
Spurweite 1067 mm.
Lieferant: Fried. Krupp (Essen) und Krauss-Maffei für Lokomotiv-Export-Union Krupp/Krauss-Maffei

Bulgarien

Jahr 1966: 10 Einheiten diesel-hydraulischer B'B'-Drehgestell-Lokomotiven der Reihe 75 für die Bulgarischen Staatsbahnen.
Spurweite 760 mm.
Lieferant: Rheinstahl-Henschel

Spanien

Jahr 1966/67: 10 Einheiten diesel-hydraulischer B'B'-Drehgestell-Lokomotiven vom Typ M 4000 B'B' für die Spanische Staatsbahn.
Spurweite 1676 mm.
Lieferant: Krauss-Maffei AG (München) für Lokomotiv-Export-Union Krupp/Krauss-Maffei

China

Jahr 1966/67: 4 Einheiten diesel-hydraulischer C'C'Drehgestell-Lokomotiven vom Typ NY 5 für die Eisenbahnen der Volksrepublik China.
Spurweite 1435 mm.
Lieferant: Rheinstahl-Henschel

Griechenland

Jahr 1967/68: 10 Einheiten diesel-elektrischer Co'Co'-Drehgestell-Lokomotiven der Reihe A 401—410 für die Griechische Staatsbahn. Lieferanten: Siemens und Arn. Jung

Ceylon

Jahr 1968: 45 Einheiten diesel-hydraulischer B'B'-Drehgestell-Lokomotiven vom Typ DHG 1200 B'B' für die Ceylonesische Staatsbahn.
Spurweite 1676 mm.
Lieferant: Rheinstahl-Henschel

Thailand

Jahr 1968/69: 30 Einheiten diesel-hydraulischer B'B'-Drehgestell-Lokomotiven vom Typ M 1500 B'B' für die Thailändische Staatsbahn.
Spurweite 1000 mm.
Lieferant: Fried. Krupp GmbH Industriebau und Maschinenfabriken, Essen, für Lokomotiv-Export-Union (Friedr. Krupp GmbH, Essen, Atlas-MaK Maschinenbau GmbH, Kiel, und Krauss-Maffei AG, München).

Zambia

Jahr 1969/70: 18 Einheiten diesel-hydraulischer C-Lokomotiven für die Zambia Railways (ZR).
Spurweite 1067 mm.
Lieferant: Rheinstahl-Henschel

Sie haben mitgewirkt

Ihre Namen stehen für viele Ingenieure der Lokomotivtechnik

Adolph Giesl-Gieslingen

Dr. techn. Ing. Adolph Giesl-Gieslingen, geboren am 7. 9. 1903 in Trient (Trento), studierte — trotz Vorliebe für Konstruieren und Thermodynamik — die Elektrotechnik an der Technischen Hochschule Wien, um im Alter von 21 Jahren als jüngster Diplom-Ingenieur mit Auszeichnung in das Konstruktionsbüro der Wiener Lokfabrik einzutreten.

Dem Vorschlag von Sektions-Chef J. Rihosek verdankte Adolph Giesl-Gieslingen nicht nur die Aufnahme in die Lokomotivfabrik, sondern mehr als zwanzig Jahre später auch die Ernennung zum Honorardozenten für Lokomotivbau. Generaldirektor Arno Demmer zog Giesl-Gieslingen zu Rate, als die ÖBB mit der Wiener Neustädter Lokfabrik die Konstruktion einer neuen dreifach gekuppelten Schnellzuglok studierten. Giesl-Gieslingen wies nach, daß ein Vierkuppler viel besser den wachsenden Anforderungen entsprechen würde. Es entstand darauf die stärkste Schnellzuglok Europas (Achsfolge 1'D2') mit der längsten Treibstange der Welt. Giesl-Gieslingen verfaßte in jenen Jahren auch eine Dissertation über die Berechnung der Blasrohranlage der Dampflokomotive und erhielt im Jahre 1929 den Doktorgrad. Der junge Doktor ging nach Nordamerika. Es gelang u. a. ein Konsulentenverhältnis mit der Western Railway Equipment Co in St. Louis. In jene Zeit fallen auch Untersuchungen für SKF, die Mitarbeit an einem Großdampfkessel bei Babcock & Wilcox, Vertretungen beim Patentamt und Versuche auf Eisenbahnen.

1937 kam der Ruf zur Rückkehr in die Heimat. Zum Exportleiter und Beauftragten für die Vergebung von Subkontrakten ernannt, konnte Dr. Giesl-Gieslingen auch Erfahrungen mit der Propagierung von Gilli-Dampfspeicherlokomotiven sammeln. Nach Kriegsende übernahm Dr. Giesl die Leitung des Floridsdorfer Konstruktionsbüros. Doch schon 1946 ging Dr. Giesl auf Grund einer Empfehlung von Dr. techn. Arno Demmer wieder in die Staaten, und zwar als Konsulent des Bundesministeriums für Handel und Wiederaufbau. Mußestunden in Washington verwendete er dazu, seinen berühmten Flachejektor in endgültiger Form in die Tat umzusetzen. Die Schoeller Bleckmann-Werke übernahmen die Weltrechte. — Honorardozent Dr. Giesl-Gieslingen hat sich auch als Fachpublizist einen ausgezeichneten Ruf geschaffen.

Hermann H e u m a n n

Professor Dr.-Ing. Dr.-Ing. E. h. Hermann Heumann erblickte am 30. April 1878 auf dem väterlichen Gut Neubauhof in Mecklenburg das Licht der Welt. In Oldenburg bestand er die Reifeprüfung, in München und Hannover studierte er Maschinenbau. Im Jahre 1900 begann Heumann seine Ausbildung für den höheren technischen Staatsdienst bei der Eisenbahndirektion Saarbrücken. Zwischendurch führte ihn der Weg in das von R. von Helmholtz geleitete Konstruktionsbüro der Lokomotivfabrik Krauss & Co nach München. Kurz vor der Promotion an der Technischen Hochschule Danzig wurde Hermann Heumann im Jahre 1909 Abnahmebeamter der Preußischen Staatsbahn in Metz. Zum Sommersemester 1920 folgte Dr. Heumann einem Ruf als ordentlicher Professor auf den Lehrstuhl für Eisenbahnmaschinenbau und Massenförderanlagen der Technischen Hochschule Aachen. Nach der Emeritierung im Jahre 1946 hielt Professor Heumann an der Technischen Hochschule München von 1948 bis 1953 Vorlesungen über Spurführungstechnik. 1955 verlieh ihm die Technische Hochschule Braunschweig die Würde eines Dr.-Ing. E. h.

In Grafrath an der Amper beendete der verdiente Ingenieur seine große zusammenfassende Arbeit „Grundzüge der Führung der Schienenfahrzeuge". Sie faßte ganz wesentliche Teile seiner Lebensarbeit zusammen, die heute zum Repertoire des wissenschaftlich arbeitenden Lokomotiv-Konstrukteurs gehören.

Am 19. November 1967 verstarb Hermann Heumann in seinem neunzigsten Lebensjahr. Auf dem Friedhof von Höfen am hohen Ufer der Amper fand Heumann seine letzte Ruhe.

Walter K l e i n o w

Als Achtzehnjähriger legte Walter Kleinow auf dem Realgymnasium in Stendal das Abitur ab und studierte von 1899 bis 1903 an der Technischen Hochschule Berlin-Charlottenburg Maschinenbau und Eisenbahnwesen. Kleinow beendete sein Studium mit der Prüfung zum Regierungsbauführer und legte 1908 auch die Prüfung zum Regierungsbaumeister ab.

Kleinow gehört zu den Pionieren des elektrischen Bahnbetriebes. Er wurde schon im Jahre 1911 mit der Ausführung der Elektrifizierungsarbeiten der schlesischen Gebirgsstrecken betraut. 1919 kehrte er als Offizier der Eisenbahntruppen in Rumänien zur Reichsbahndirektion Breslau zurück und übernahm 1920 das Maschinenamt Hirschberg. 1921 wurde ihm im Eisenbahn-Zentralamt Berlin das Dezernat für die Beschaffung elektrischer Lokomotiven anvertraut. Im Jahre 1924 schied Kleinow aus dem Staatsdienst aus und übernahm den Elektrolokomotivbau der AEG in Hennigsdorf. Unter seiner Leitung entstanden dort u. a. die Reichsbahn-Bauarten E 04, E 17, E 94, E 18 und E 19 sowie der AEG-Kleinow-Federtopfantrieb. Andere weitschauende Entwicklungen mußte Kleinow mit Rücksicht auf den Zweiten Weltkrieg zurückstellen.

Auf dem Dampflokomotivgebiet gelang ihm als ersten die praktisch-zuverlässige Lösung des Problems der Kohlenstaubfeuerung. Aufbauend auf den an Elektro-Lokomotiven gesammelten Erfahrungen ließ er außerdem den ersten geschweißten Rahmen für die Kriegslokomotiven der Reihen 52 und 42 entwerfen.

Baurat Kleinow, Leiter des AEG-Lokomotivbaues und dann auch Betriebsführer der AEG-Tochtergesellschaft Borsig-Lokomotivwerke GmbH, war zwar wortkarg, aber er galt als logisch denkender Ingenieur. Er starb am 17. Juli 1944, zehn Tage, nachdem er in sein 65. Lebensjahr eingetreten war.

Felix Meineke

Professor Dr.-Ing. Felix Meineke wurde am 9. April 1877 in Oberlahnstein geboren. Er besuchte das Realgymnasium in Wiesbaden und erwarb sich die ersten eisenbahntechnischen Praktiken in den Eisenbahnwerkstätten Limburg, Mainz und Darmstadt. Felix Meineke studierte in Darmstadt und Hannover. Dann wurde er Lokomotiv-Konstrukteur bei Richard Hartmann in Chemnitz und in den Kasseler Henschel-Werken.

Im Jahre 1907 zog es den Lokomotivbauer ins Ausland zur russischen Lokomotivfabrik Kolomna, wo er bereits nach zwei Jahren zum Chefkonstrukteur aufstieg. Zu den Verdiensten seiner damaligen Zeit zählen der Grundlagen-Entwurf für die 2'C-Schnellzuglokomotiven, Klasse K, der Moskau-Kasan-Eisenbahn und das Projektbild der erfolgreichen russischen 1'C 1'-Schnellzug-Dampflokomotive der Klasse Su. Meinekes Interesse galt aber auch dem Brotan-Kessel und der Stumpfschen Gleichstrom-Dampfmaschine.

Am 1. Oktober 1922 kam Meineke als Nachfolger von Obergethmann auf den Lehrstuhl für Eisenbahnmaschinenwesen der Technischen Hochschule Berlin. Zahlreiche Veröffentlichungen und zwei Fachbücher über den Dampflokomotivbau (Lehre und Gestaltung) haben Meineke im In- und Ausland bekannt gemacht. Er starb am 10. Juni 1955.

Hans Nordmann

Professor Dr.-Ing. Hans Nordmann kam am 14. Januar 1879 in Halberstadt zur Welt, wo er auch das Realgymnasium besuchte. Sein Studium absolvierte er an der Technischen Hochschule Hannover. Ab 1912 kam Nordmann als Abnahmebeamter zum Eisenbahnzentralamt Berlin. Im Jahre 1922 nahm Nordmann als Honorarprofessor seine Lehrtätigkeit an der Technischen Hochschule Berlin auf. In Anerkennung seiner hervorragenden Verdienste um die Erforschung der Arbeitsweise und der Vorgänge in der Lokomotive sowie um die

Tafelseite 149: Bei 200 km/h Geschwindigkeit werden höchste Ansprüche an die Bremsen gestellt. (Foto: Knorr-Bremse)

Tafelseite 150, oben: Das „Paradepferd" der Italienischen Staatsbahnen E 444 (Erbauer: Savigliano), bei Tempo 200 zwischen Rom und Neapel (Foto: FS)

Mitte: Die schnellste Lokomotive der Deutschen Bundesbahn, Reihe E 03 (103), in voller Fahrt

Unten: Die siebenteilige, frühere TEE-Zuggarnitur VT 11 der Deutschen Bundesbahn besitzt an beiden Maschinenwagen, gewissermaßen die Diesellokomotiven. Unser Bild zeigt, wie es im Führerstand bei Tempo 140 während einer Vorführfahrt aussah. (Fotos: Messerschmidt)

Tafelseite 151. Einst der Stolz der Lokomotivkonstrukteure und der Deutschen Reichsbahn, dann zerschossen, ausgeschlachtet und für den Schneidbrenner bereit

Das Ende des Werdeganges der Lokomotive. Reste einer preußischen P 8 auf dem Schrottplatz (Fotos: Messerschmidt)

Tafelseite 152: Das ist das Todesurteil einer in den USA gebauten und in Italien nach 40jähriger Dienstzeit auf dem Schrottplatz dem Schneidbrenner zum Opfer gefallenen Dampflokomotive (Foto: FS)

Vervollkommnung der Untersuchungsverfahren verlieh ihm im Jahre 1930 die Technische Hochschule Berlin die Würde eines Dr.-Ing. E. h. Im Jahre 1935 ist Nordmann zum Direktor bei der Deutschen Reichsbahn und 1938 zum Abteilungspräsident ernannt worden. Im Jahre 1942 wurde Professor Nordmann Mitglied der Preußischen Akademie der Wissenschaften.

Nach Ende des Zweiten Weltkrieges blieb der große Lokomotiv-Ingenieur und Versuchs-Experte noch bis zum 30. April 1949 bei den Eisenbahnen der damaligen Ost-Zone Deutschlands beschäftigt. An der Technischen Universität Berlin lehrte er noch bis zum Jahre 1954. Am 17. November 1957 verschied Hans Nordmann im Ruhestand.

Francis William Webb

Francis William Webb stammt aus Staffordshire (Großbritannien), wo er 1835 geboren wurde. Ab 1851 absolvierte Webb seine praktische Ausbildung in den Eisenbahnwerkstätten von Crewe bei der London & North-Western Railway. Im Jahre 1856 avancierte Webb zum Assistenten von Francis Trevithik, und mit nur 24 Jahren Lebensalter wurde Webb schon Erster Konstrukteur und zwei Jahre später Assistent des Chef-Ingenieurs der Bahn, John Ramsbottom. Nach weiteren zwei Jahren saß Webb bereits auf dem Stuhl von Ramsbottom! Fünfundzwanzig neue Bauarten von LNWR-Lokomotiven und zahlreiche Umkonstruktionen gehören zu Webbs konstruktionstechnischen Leistungen. Aber trotz größter Aktivität warf man ihm ein konservatives Verhalten beim Entwurf von Schnellzuglokomotiven vor. Webb galt zwar als untolerant. Er duldete keine Kritik und keinen Widerspruch. Er gehört jedoch trotzdem zu den Gestaltern englischer Dampflokomotiven. Mehr als 4000 Lokomotiven wurden unter seiner Leitung gebaut.

Webb starb am 4. Juni 1906 in Bournemouth.

Friedrich Witte

Dipl.-Ing. Friedrich Witte ist Hannoveraner. Sein Geburtsdatum ist der 23. Februar 1900. Das Realgymnasium in Marburg und die Oberrealschule in Göttingen, wo er 1917 seine Reifeprüfung ablegte, gehören zu seinen ersten Bildungsstätten. Eine anschließende praktische Ausbildung diente als Vorbereitung auf das Studium von 1919 bis 1923 an der Technischen Hochschule Hannover. Dort war er von 1921 ab gleichzeitig Assistent am Lehrstuhl für allgemeinen Maschinenbau und Dampfmaschinen. Am 30. Januar 1923 legte Friedrich Witte die Diplomhauptprüfung „mit Auszeichnung“ ab und erhielt einen Staatspreis.

Nach Ablegung der Großen Staatsprüfung am 5. Dezember 1925 wurde Witte als Reichsbahnbaumeister übernommen und als wissenschaftlicher Hilfsarbeiter zunächst im Lokomotivbaudezernat des Reichsbahn-Zentralamtes Berlin und anschließend im Referat für die Konstruktion von Dampflokomotiven, Dieseltriebfahrzeugen und Schiffen in der Reichsbahn-Hauptverwaltung Berlin beschäftigt. Es folgte eine längere Studienreise in die USA, und am 1. Oktober 1933 erhielt Friedrich Witte die Leitung des Maschinenamtes Berlin Potsdamer Bahnhof. 1937 kam er dann als Dezernent zur Reichsbahnbaudirektion Berlin. Es schlossen sich eine weitere Studienreise nach den Vereinigten Staaten von Nord-Amerika sowie eine Fahrt nach Kanada an. Vom Oktober 1942 ab erhielt Friedrich Witte dann dankbare Aufgaben als Dezernent für Dampf- und Diesellokomotiv-Konstruktionen im Reichsbahn-Zentralamt Berlin, später in den Zentralämtern Göttingen und Minden (Westfalen). Im Jahre 1948 ist er — nunmehr Reichsbahndirektor — zum Leiter der Lokomotivbau- und Einkaufsabteilung ernannt worden. Witte wurde 1950 Abteilungspräsident und 1957 Vizepräsident des Bundesbahnzentralamtes Minden.

Der mit Leib und Seele bei seiner Arbeit gewesene Lokomotiv-Fachmann, mit dem auch der Verfasser während seiner Tätigkeit im Konstruktionsbüro der Vereinigung Deutscher Lokomotivfabriken zusammenarbeiten durfte, hatte schon verschiedentlich bei der Entwicklung der ersten Einheitsdampflokomotiven in den zwanziger Jahren, mehr aber noch bei den Entwürfen der Neubaudampflokomotiven nach 1950 den Ton angegeben sowie neue Baugrundsätze und nicht zuletzt die Witte-Windleitbleche eingeführt. Zu seinen letzten großen Taten gehörte die Regieführung bei der Entwicklung der letzten deutschen Schnellzug-Dampflokomotiven Baureihe 10.

Zahlreiche Veröffentlichungen, auch über Dieseltriebfahrzeuge, geben Aufschluß über das Lebenswerk des heute seit dem 28. Februar 1965 im Ruhestand lebenden Friedrich Witte.

Adolf Wolff

Am 8. März 1894 wurde Adolf Wolff in Goslar geboren. Dort legte er 1913 auch das Abitur ab. Dem Studium widmete sich Adolf Wolff vom Herbst 1913 bis — durch Kriegsunterbrechung — zum Jahre 1919, in welchem er in Hannover die Diplom-Hauptprüfung bestand.

Sein Weg führte den jungen Diplom-Ingenieur zunächst als Projektkonstrukteur zur Hanomag in Hannover. Im Oktober 1920 wurde Adolf Wolff bereits Leiter der neugeschaffenen Abteilung für Normung und Typisierung von Werks- und Kleinlokomotiven. Wolff war später viele Jahre Präsident des Lokomotiv-Normenausschusses.

Bei der Hanomag entwarf Dipl.-Ing. Wolff die 2'D 1'-Vierzylinder-Verbund-Schnellzuglokomotive für die Spanische Nordbahn. Von 1927 bis 1929 war

Wolff in der Lokomotivfabrik Hohenzollern tätig, für die er viele Auslandsreisen nach Südafrika, Lettland und in andere Länder unternahm. Die vielleicht schönsten Aufgaben seines Lebens fand er im Hause Borsig in Berlin. Er entwarf und konstruierte die bekannten 05-Lokomotiven. Nach dem Zusammenbruch der weltbekannten Borsig-Werke und der Unmöglichkeit, dort wieder Lokomotiven zu bauen, gründete Wolff ein Ingenieurbüro mit einer Anzahl stellungslos gewordener früherer Borsig-Mitarbeiter.

1949 trat Adolf Wolff dann als Direktor in die Dienste der Krauss-Maffei AG und leitete dort die Abteilung für Auslandslokomotiven, wobei er zahlreiche Reisen nach Indien, Thailand, Südafrika oder Moçambique im Auftrag seiner Münchener Firma machte.

Am 6. September 1964 schloß Dipl.-Ing. Adolf Wolff in München seine Augen für immer.

Wir können diese „Ehrentafel" nicht ins uferlose fortsetzen. Wir können auch nicht alle bedeutenden Arbeiten, Daten und Stationen dieser Lokomotivbauer nennen. Zu lang würde ein solches biographisches Verzeichnis.

Viele Leser werden Einwände haben, weshalb nun gerade Meineke, Nordmann oder Witte herausgegriffen wurden, und nicht Chapelon, Garbe, Rihosek, Zara, Gölsdorf, Gresley, Trick, R. P. Wagner oder der „Heißdampf-Schmidt".

Alle haben ihre Verdienste. Zahlreiche Lokomotivbauer haben es sogar zu Welt-Ruhm gebracht. Und dennoch ist der Lokomotivbau nicht das Werk einzelner. Viele haben im Gelingen mitgewirkt — heute mehr denn je. Und wie sagte doch einmal Professor Nordmann?

> „Keine große technische Leistung ist vollendet wie Pallas Athene dem Haupte des Zeus entsprungen. Einer ersten brauchbaren Form sind meist mannigfache Vorläufer als Projekte oder selbst kurzlebige Versuchsausführungen vorangegangen, und sie selbst sind dann durch vervollkommnete Ausführungen wieder abgelöst worden."

Dieses Entwicklungsgesetz gilt im Lokomotivbau der Industrie und der Bahnwerkstätten nach wie vor. Die Fach-Ingenieure können nur dazu beitragen, zu perfektionieren und zu „erfinden" — alles für die Lok, alles für unsere Eisenbahn!

Literatur-Hinweise
auf das Schrifttum über die Lokomotiv-Industrie

(auszugsweise Darstellung)

1. Lokomotivfabrik Krauss & Comp. Actien-Gesellschaft
„Festschrift zur Vollendung der Lokomotive Nr. 5000"
München, 1905

2. Lokomotivfabrik Krauss & Comp, Aktien-Gesellschaft
„Katalog S"
München, 1908

3. Alex. Friedmann, Wien und Paris
„Verbund-Locomotiven ohne Anfahrmechanismus, System Gölsdorf"
Wien — Paris, 1902

4. Lokomotivfabrik Krauss & Comp. Actien-Gesellschaft
„Locomotiven, ausgeführt in den Werken Hauptbahnhof München und in Linz a. d. Donau"
München, 1907

5. Sächsische Maschinenfabrik vorm. Richard Hartmann Aktiengesellschaft, Chemnitz
„Jubiläumsschrift 1837—1912"
Chemnitz, 1912

6. Henschel — Maffei
„Die J. A. Maffei AG in München"
München, 1928

7. Hanomag, Hannoversche Maschinenbau-Actien-Gesellschaft, vormals Georg Egestorff
„Die Lokomotive in Kunst, Witz und Karikatur"
Hannover, 1922

8. Maschinenfabrik Esslingen
Dr.-Ing. Max Mayer, „Esslinger Lokomotiven, Wagen und Bergbahnen"
VDI-Verlag Berlin, 1924

9. Schwartzkopff, Borsig, Hanomag, Henschel und Krupp
„Stug-Kohlenstaubfeuerung auf Lokomotiven und in ortsfesten Anlagen"
Kassel, 1930

10. Schweizerische Lokomotiv- und Maschinenfabrik Winterthur
„Zahnrad-Bahnen System Abt — Zahnstange und Lokomotive"
Winterthur, 1925

11. Krauss-Maffei
„Hundert Jahre Krauss-Maffei, München, 1837—1937"
München, 1937

12. Henschel & Sohn
„Henschel-Lokomotiven“
Kassel, 1931

13. Henschel & Sohn
„125 Jahre Henschel“
Kassel, 1935

14. Henschel & Sohn
"Contractors' Estate Railway, Secondary Railway, and industrial Locomotives"
Kassel, 1936

15. Maschinenfabrik Esslingen
„Aus den Anfängen der Maschinenfabrik Esslingen — Emil Kessler, sein Leben und Werk“
Esslingen, 1938

16. FIAT
„Produzione Ferroviaria, Tramviaria, Filoviaria Fiat“
Turin, 1942

17. Baldwin-Westinghouse
"Diesel-electric locomotives for switching and transfer service"
Philadelphia, 1945

18. Lima Locomotive Works Incorporated
"Lima Super-Power Steam Locomotives"
Lima (Ohio), 1946

19. Officine Meccaniche già Miani, Silvestri & C. — A. Grondona, Comi & C.
„Exposition Universelle et Internationale de Bruxelles en 1910“
Mailand-Neapel, 1910

20. Krupp
„Taschenbuch für den Lokomotiv-Ingenieur“
Essen, 1944

21. Vereinigung deutscher Lokomotivfabriken
„Die deutsche Lokomotiv-Industrie vor dem Zusammenbruch“
Frankfurt, 1949

22. Vereinigung deutscher Lokomotivfabriken
„Die Deutsche Bundesbahn und die deutsche Lokomotiv-Industrie“
Frankfurt, 1952

23. Berliner Maschinenbau-Actien-Gesellschaft vormals L. Schwartzkopff
„100 Jahre Wirken und Werken, 1852—1952“
Berlin, 1952

24. Berliner Maschinenbau-Actien-Gesellschaft vormals L. Schwartzkopff
„100 Jahre deutsche Eisenbahnen — 83 Jahre Schwartzkopff
Berlin, 1935

25. Borsig
„100 Jahre Borsig-Lokomotiven 1837—1937“
VDI-Verlag Berlin, 1937

26. American Locomotive Company (ALCO) und General Electric Company (GE)
"Operation and Service Manual"
Schenectady (N.Y.), 1949

27. Maschinenfabrik Augsburg-Nürnberg AG (MAN)
"Diesel para Locomotoras"
Augsburg, 1955

28. Vereinigung deutscher Lokomotivfabriken
„Die deutsche Lokomotiv-Industrie und ihr Verbandswesen in den Jahren 1877 bis 1958"
Frankfurt, 1958

29. Vereinigung deutscher Lokomotivfabriken
„Die deutsche Lokomotiv-Industrie im Zweiten Weltkrieg"
Frankfurt, 1959

30. Krauss-Maffei AG
„Krauss-Maffei-Lokomotiven, -Omnibusse, -Trenntechnik, Allgemeiner Maschinenbau, Guß- und Schmiedestücke"
München, 1958

31. Vereinigung deutscher Lokomotivfabriken
„Soll Deutschland auf den Lokomotiv-Export verzichten?"
Frankfurt, 1961

32. Henschel-Werke GmbH
„Henschel-Lokomotiv-Taschenbuch"
Kassel-Düsseldorf, 1960

33. Allgemeine Elektricitäts-Gesellschaft (AEG),
Kleinow „Betriebsergebnisse der ersten AEG-Kohlenstaublokomotive"
Berlin, 1929

34. Siemens
Michel „Hundert elektrische Lokomotiven der Reihe E 44 der Deutschen Reichsbahn"
Berlin, 1940

35. Krauss-Maffei
„Krauss-Maffei-Dokumente aus dem ersten Jahrzehnt des Werkes"
München, 1962

36. Vereinigung deutscher Lokomotivfabriken
„VDL — Technisches Gemeinschaftsbüro GmbH (TGB)
Kassel, 1964

37. Schoeller-Bleckmann Stahlwerke
"The Giesl Ejector"
Wien, 1962

38. Klöckner-Humboldt-Deutz
„100 Jahre Klöckner-Humboldt-Deutz, 1864—1964"
Die Leistung, Heft 100, Stuttgart, 1964

39. Exportförderungsverband der deutschen Lokomotivindustrie
„Lokomotiven — made in Germany"
Frankfurt, 1966

40. Krauss-Maffei AG
„In München mit Lokomotiven leben"
München, 1965

41. FIAT
„Fiat Aktiengesellschaft, Rückschau, Werke, Anlagen, Erzeugnisse . . ."
Turin, 1966

42. FIAT
„Fiat Materiale Ferrotranviario"
Turin, 1959

43. Maschinenfabrik Esslingen
„Emil Kessler 1813—1867" (Herausgeber Deutsche Gesellschaft für Eisenbahngeschichte e. V.)
Karlsruhe, 1967

44. Voith
„100 Jahre Voith, 1867—1967"
Heidenheim (Brenz), 1967

45. Maschinenfabrik Esslingen,
Messerschmidt „Von Lok zu Lok — Esslingen und der Lokomotivbau
für die Bahnen der Welt"
Franckh-Verlag, Stuttgart, 1969

46. Simmering-Graz-Pauker
„Lokomotiven"
Wien, 1959

47. Borsig,
Pachtner „Lokomotivkönig August Borsig"
Goldmann-Verlag, München, 1953

48. Maschinenfabrik Esslingen,
Dr.-Ing. Max Mayer „100 Jahre Maschinenfabrik Esslingen"
Glasers Annalen (71. Jg.) 1947, Seiten 186—190

49. „Die Lokomotivfabriken Europas"
Internationales Archiv für Lokomotivgeschichte Nr. 1
Verlag Josef Otto Slezak, Wien 1962

50. Società p. A. Locomotive a vapore Franco-Crosti
„Locomotive a vapore Franco Crosti"
Milano-Bergamo, 1949

51. Linke-Hofmann-Werke
„Die 2000ste Lokomotive"
Breslau, 1920

52. R. Wolf AG., Abt. Lokomotivfabrik Hagans
„Die 1000ste Lokomotive
Erfurt 1920

Wolfgang Messerschmidt

VON LOK ZU LOK

Esslingen und der Lokomotivbau für die Bahnen der Welt

Esslinger Lokomotiven repräsentieren fast vollständig die Entwicklung der internationalen Schienenfahrzeugtechnik. Wohl allen Eisenbahnverwaltungen auf der Erde sind sie bekannt. Ob in Brasilien, in der Sowjetunion, in Japan, in der Türkei, im Irak oder in Norwegen, in Chile, Südafrika, Vietnam und Argentinien — ob auf Inselbähnchen, auf Hügelland- oder Hochgebirgsstrecken, auf Breit-, Normal- und Schmalspurbahnen, überall waren Esslinger Lokomotiven zu Hause.

Lokomotiven und Eisenbahnen als faszinierende Symbole blühender Industriezentren mit florierendem Handel und grenzüberschreitendem Verkehr haben die Leistungsfähigkeit großer Unternehmungen in Anspruch genommen. Unter ihnen hat sich die Maschinenfabrik Esslingen schon früh Weltgeltung erworben. Ihre Pionierleistungen im Dampf-, Motor- und Zahnrad-Lokomotivbau sind feste Bestandteile der Eisenbahngeschichte überhaupt.

Wolfgang Messerschmidt, früherer Oberingenieur der Esslinger Maschinenfabrik, schildert die Geschichte des weltweiten Lokomotivbaus dieser Firma. Mit „Milieuschilderungen“ und Situationsberichten aus dem Geschehen anderer Lokomotivwerke macht er darüber hinaus interessante wirtschaftliche und konstruktive Wechselbeziehungen deutlich.

208 Seiten. Mit 117 Fotos auf 64 Kunstdrucktafeln und 34 Textbildern. Bestell-Nr. 3600 G.